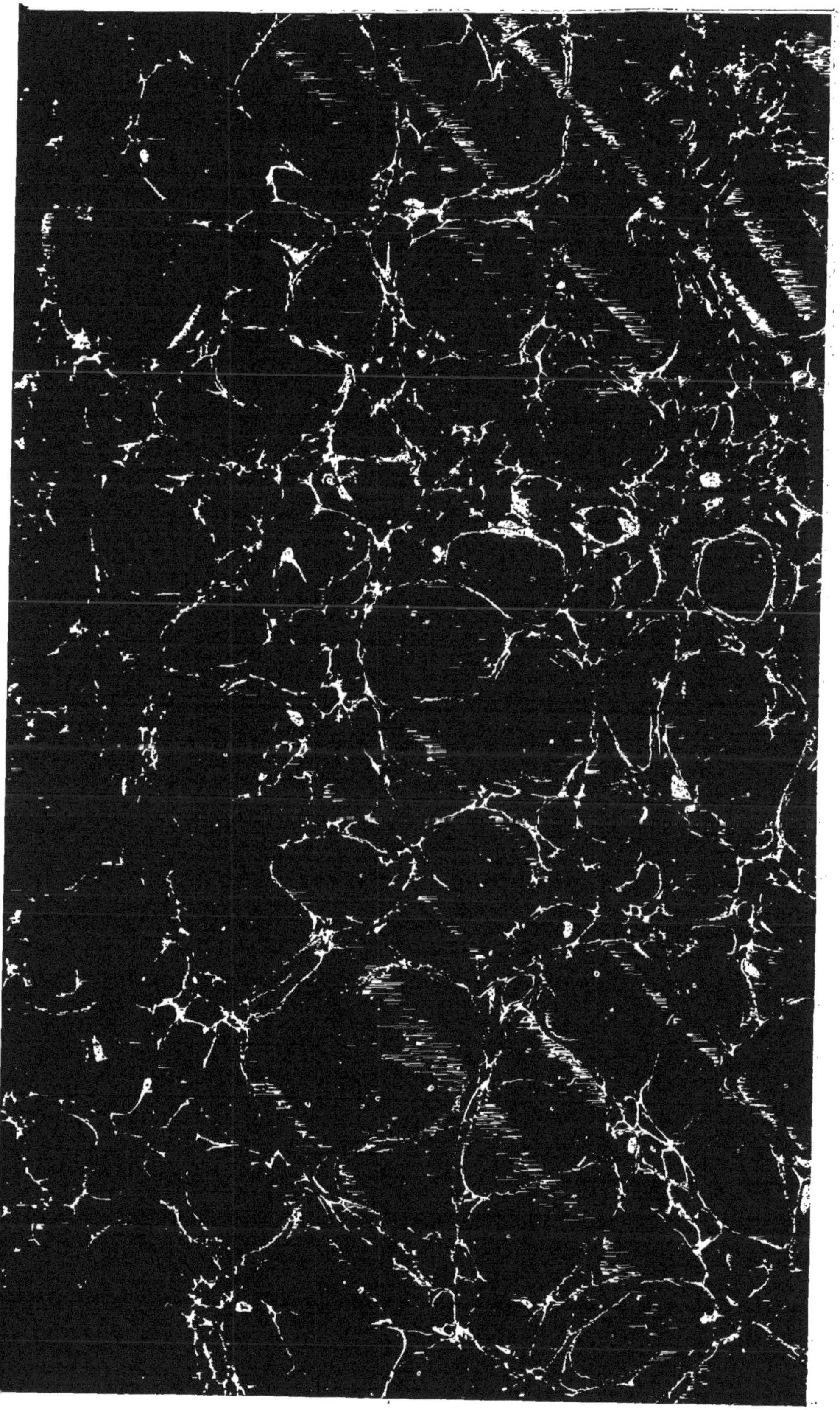

LA GRANDE QUESTION

DE

L'ORTHOGRAPHE FLAMANDE.

N. B. Ce qu'on va lire est littéralement extrait d'un plus grand ouvrage, qui doit paraître sous peu et qui aura pour titre : ANALOGIES LINGUISTIQUES.—*Du flamand dans ses rapports avec les autres idiomes d'origine teutonique.* L'intérêt général se reporte en ce moment sur la question de l'orthographe flamande : cette circonstance a déterminé l'auteur à détacher ces pages de l'ensemble de son travail, et à convertir en brochure un chapitre de son livre.

IMP. DE HAUMAN ET Ce. — DELTOMBE, GÉRANT.
Rue du Nord, n° 8.

LA GRANDE QUESTION

DE

L'ORTHOGRAPHE FLAMANDE

RÉDUITE

A DE PETITES PROPORTIONS.

PAR

P. Lebrocquy.

BRUXELLES.
SOCIÉTÉ BELGE DE LIBRAIRIE
HAUMAN ET Cie.

1844

LA GRANDE QUESTION

DE

L'ORTHOGRAPHE FLAMANDE

RÉDUITE

A DE PETITES PROPORTIONS.

Des rapports du flamand et du hollandais. De l'orthographe flamande.

> Taelschryvers hebben altyd getwist en zullen altyd twisten. Geen tael is ooyt door lettersplitters en woórdensaegers weézentlyk beleedigd geworden
>
> M. l'abbé DE FOERE.
>
> (Discours prononcé le 24 septembre 1839, dans une séance publique de la Société de la Flandre Occidentale pour la propagation de la langue et de la littérature nationales.)
>
> Les docteurs en linguistique ont toujours disputé et disputeront toujours. Mais jamais des fendeurs de lettres et des scieurs de mots ne peuvent faire un tort réel à quelque langue que ce soit.

> School-droomen !
>
> M. le professeur BORMANS,
> (Rapport à la Commission Royale.)
>
> Rêveries d'école !

> Much ado about nothing.
>
> SHAKSPEARE.
>
> Beaucoup de bruit pour rien.

> Dum vitant stulti vitia, in contraria currunt.
>
> HORACE.
>
> Qu'un sot fuie un travers, il tombe dans un pire.

Le flamand, le hollandais et le *plattdeutsch* sont, comme nous l'avons dit, trois dialectes très-rapprochés d'un même idiome, qui en français moderne n'a pas de dénomination propre, mais qui se désignait exactement autrefois par le nom de *thiois* (*dietsch*, comme on dit encore dans quelques-unes de nos provinces). Ce terme a vieilli, mais on peut le remplacer par celui de *nederduitsch*, mot qui n'a pas d'équivalent dans la langue française, et que, de peur de mauvaise interprétation, on doit se garder de traduire par *néerlandais* ou *bas-allemand*.

Dans l'ordre que nous avons adopté pour ce livre, nous avons d'abord à examiner les rapports du flamand et du hollandais, dialectes qui ont entre eux plus d'affinité encore que n'en offre l'un ou l'autre avec le *plattdeutsch*.

Le flamand et le hollandais ne forment donc pas deux langues distinctes, mais deux dialectes fort ressemblants d'une même langue.

Si cette proposition se présentait dégagée de sophismes et de chicanes, le présent chapitre serait fort succinct.

La thèse que nous avons à défendre est des moins compliquées. Un philosophe, pour prouver le mouvement que l'on niait devant lui, se mit à marcher ; nous pourrions nous servir de quelque démonstration semblable. Nous pourrions mettre en regard une page d'un auteur hollandais estimé et la traduction flamande, puis, une page d'un bon écrivain flamand et la version hollandaise, et tout serait prouvé : de ce rapprochement ressortirait à l'évidence cette vérité incontestable qu'il ne s'agit que de deux dialectes n'offrant entre eux que des différences d'orthographe peu nombreuses et peu importantes. Mais tant de concision ne nous est pas permise : la question, toute simple et toute claire qu'elle est, a été déplorablement embrouillée et obscurcie. Nous avions à parcourir une route unie et fort courte, et voilà que nous allons essuyer un long retard, parce que la voie a été encombrée par des sottises déjà anciennes que sont venues exhausser des sottises nouvelles.

C'est de ces extravagances accumulées que nous devons préalablement déblayer le terrain.

Il nous importe d'autant plus de le faire, que cette tâche rentre directement dans le cadre que nous nous sommes tracé. Nous avons à cœur de prouver que le flamand est une des plus belles langues connues, et qu'à l'aide de cette langue, bien sue, on en comprend une dizaine d'autres, celles-ci d'emblée, celles-là au bout de peu de temps et de peu d'efforts ; nous écrivons spécialement pour détromper les Flamands gallomanes, nos compatriotes wallons, les étrangers en général, gens qui tous ont sur l'admirable idiome des notions si ridiculement erronées : et l'on vient épaissir les ténèbres sur leurs yeux, on leur apprend que les deux dialectes même les plus ressemblants n'ont entre eux aucune affinité, et on leur fait penser et dire que les Flamands en sont encore à jeter les premiers fondements d'une langue informe, pauvre et sans règles certaines (1)!

Faisons bien vite tomber cette poussière si mal à propos soulevée ; mettons à nu les proportions lilliputiennes d'un nain habillé en géant ; simplifions les faits ; désenflons les exagérations.

Mais d'abord rappelons bien que nous n'avons pas mis de cocarde à notre plume ; répétons que nous faisons de la philologie et non pas de la politique, et que dans ce chapitre, pas plus que dans le reste de notre livre, nous ne voulons mêler à une question de linguistique des querelles de parti.

Cependant, forcé d'aller chercher nos adversaires sur la route où ils s'égarent, nous ne pouvons nous dispenser de toucher à quelques incidents qui se rattachent à la politique. Nous ne le ferons que dans la juste mesure des besoins de notre sujet, et avec l'entière impartialité d'un homme de lettres qui a dit adieu aux luttes des factions.

Commençons par admettre un fait incontestable, quelque bizarre qu'il puisse paraître aujourd'hui : oui, il est certain que sous Guillaume Ier, la Belgique flamande ne se soumit qu'avec une extrême répugnance à se servir de sa langue nationale comme langue officielle. Mais cette répugnance prenait-elle sa source dans la substitution violente d'un dialecte à un autre dialecte, ou, comme le disent M. de Foere et les siens, de la langue hollandaise à la langue flamande ? Non, et la preuve c'est que jamais il ne fut enjoint aux habitants des provinces flamandes de parler ou d'écrire le hollandais, mais bien le flamand ; et la preuve de cette preuve, c'est que partout nos notaires et nos praticiens continuèrent, s'ils le préféraient, à se servir de la vieille orthographe flamande ; c'est qu'il était permis à nos avocats de jargonner même, s'ils le jugeaient à propos, dans leur idiome natal, et Dieu et nos oreilles savent si, pendant les sept ou huit ans qu'a duré ce régime, les membres des barreaux flamands ont usé de la permission (2) !

(1) Ceci non-seulement se dit, mais s'imprime. Au bruit de risibles disputes, un des rédacteurs français de *l'Indépendant*, sans posséder les plus simples notions de la question, et croyant, comme presque tous les Français, que l'esprit et le beau langage autorisent à trancher n'importe quelle discussion, accourut se mêler à la polémique sûr l'orthographe flamande. Il avait découvert, lui, que la langue la plus ancienne peut-être de l'Europe, et à coup sûr la plus riche, était encore dans la première enfance, qu'elle n'avait pas même un commencement de système orthographique et ne possédait qu'un vocabulaire fort incomplet. D'où il tirait cette conclusion aussi charitable que judicieuse : *Le flamand doit mourir*. Cet arrêt de proscription lancé dans un feuilleton signé E. R., ne fut pas médiocrement sifflé dans la Belgique flamingante. Quatre ans se sont écoulés depuis, et le flamand n'est pas mort. Nous verrons dans un autre chapitre jusqu'à quel point sont solides les considérants dont s'étayait la sentence fulminée par le Sylla parisien.

(2) L'arrêté du 1er octobre 1814 portait que les actes rédigés EN FLAMAND seraient enregistré sans

L'aversion pour l'usage officiel du *nederduitsch* avait donc nécessairement une autre cause, et cette cause, la voici : c'est qu'une grande partie de la génération d'alors avait contracté l'habitude de traiter les affaires politiques en français; c'est qu'une autre partie de cette même génération cédait au charme secret du *nitimur in vetitum*, et s'y laissait entraîner avec d'autant plus d'abandon qu'elle y trouvait le moyen de contrarier un gouvernement qui avait le malheur de ne pas être populaire.

Voilà l'explication véritable de la défaveur presque générale qui accueillit, même dans les provinces essentiellement flamandes, les arrêtés du 15 septembre 1819 et du 26 octobre 1822.

Maintenant, dira-t-on que le roi Guillaume a agi avec trop de brusquerie; qu'il a eu tort de heurter ainsi de front les habitudes et les sympathies de l'époque? Nous, pour notre part, nous ne ferons pas difficulté de souscrire à ce jugement; car nous tenons pour axiome politique que les gouvernants doivent agir avec ménagement à l'égard des opinions généralement répandues parmi les gouvernés, même alors que ces opinions seraient des préjugés. Le roi des Pays-Bas, au lieu de fixer l'introduction officielle du *nederduitsch* dans les provinces méridionales à l'année 1823, aurait dû la renvoyer à 1835 ou 1840; il aurait dû laisser à une génération nouvelle le temps d'arriver sur la scène de la vie active.

Au surplus, l'apologiste en titre des actes du roi Guillaume, M. le

qu'il fût nécessaire d'y joindre une traduction française, et que les actes de l'état civil seraient tenus *dans la langue usitée dans chaque commune*. Dans cet arrêté, le roi se réservait de prendre des dispositions ultérieures sur l'usage de la *langue flamande* dans les autres actes publics.

L'arrêté du 15 septembre 1819 contenait ces dispositions ultérieures, tout en maintenant les premières; mais nulle part cet arrêté ne fait mention de la substitution du hollandais au flamand ou de l'emploi obligatoire d'une orthographe exclusive. Ce qui pourtant a autorisé et accrédité les déclamations à ce sujet, c'est le mot *landtael* qui, dans la traduction française a été rendue fautivement par *langue nationale*. Or, *landtael* signifie langue propre à une contrée, *dialecte*, et l'usage et tous les dictionnaires y assignent cette signification. Le gouvernement des Pays-Bas n'y attachait pas d'autre sens, témoin ce passage de l'arrêté du 26 octobre 1822, qui complétait les dispositions de celui du 15 septembre 1819 : « A partir du 1er janvier 1823, les dispositions de notre arrêté du 15 septembre 1819, seront rendues applicables à toutes les villes et communes, dans les arrondissements de Bruxelles et Louvain, province du Brabant méridional, lesquels ..... ne se composeront désormais que de communes *où la langue* FLAMANDE *est la langue* NATIONALE. »

Ceci est décisif. Du reste, ici surtout cette traduction est vicieuse, et *langue nationale* d'une ou de plusieurs communes est parfaitement ridicule. Il fallait dire tout uniment : *où la langue flamande est le dialecte dominant*; ou mieux et plus simplement encore : dont le dialecte est le flamand.

Au surplus, quand même, ce qui n'est pas, il y aurait doute sur le texte, l'exécution et l'application pratique sont là pour prouver que les arrêtés dont il s'agit ne recevaient point d'autre interprétation de la part du gouvernement. Le tout revient à ceci : le dialecte flamand fut déclaré obligatoire dans les provinces flamandes. Après cela, se servait de l'orthographe hollandaise qui voulait; mais personne ne subissait de contrainte.

baron de Keverberg, est forcé, lui aussi, de reconnaître que le grief des langues, même réduit à sa véritable dimension, fut une *faute politique* (1).

Quoi qu'il en soit, on comprend que pendant une lutte politique à mort, au flagrant de la guerre civile, la passion torture et falsifie même un peu les faits; on conçoit les hyperboles du patriotisme effervescent, les déclamations de l'esprit national surexcité : mais ces ébullitions révolutionnaires ne doivent pas déborder jusque dans une époque d'ordre et de calme; et qu'il s'agisse de langue ou de tout autre chef de l'ancien acte d'accusation dressé contre le gouvernement des Pays-Bas; que le sujet soit traité par un simple citoyen ou par des représentants de la nation, pour tous, au bout de quatorze ans, il est temps de rentrer dans l'histoire.

La prédilection pour le français, née de l'habitude, et les préventions populaires, conçues à tort ou à raison, contre le gouvernement hollandais, rendent donc exclusivement compte de la répulsion presque unanime qu'éprouva dans nos contrées la restauration du *nederduitsch*. La lutte était entre le français et ce dernier idiome, et non pas entre les deux dialectes d'origine teutone; autrement l'opposition n'eût pas été aussi générale ni aussi vive : de légères différences d'orthographe (et il n'y en avait pas d'autres) n'eussent pas suffi pour la rendre telle; car quelques individus à idées rapetissées, des pédagogues, peuvent bien prendre feu pour de mesquines questions de grammaire et se passionner pour des voyelles et des diphthongues ; mais ces misères n'ont pas le pouvoir d'enflammer de colère et de haine des masses nombreuses, un peuple tout entier.

Guillaume Ier tomba, et avec lui tombèrent, dans les provinces flamandes, l'enthousiasme et l'engouement pour la langue française. Une réaction s'opéra, rapidement accélérée par la crainte de la suprématie wallonne et des maux de la gallomanie. Le pays flamand se ravisa, et trouva que sa langue à lui c'était le flamand et non pas le français. Cette fois, le pays flamand avait bien raison ; mais ici un autre écueil se dressa. Les Flamands venaient de renoncer à un petit travers qui du moins avait eu pour justification la force d'une longue habitude ; mais quelques-uns d'entre eux se laissèrent entraîner et voulurent entraîner leurs compatriotes dans un autre extrême dont rien n'atténuait le ridicule.

L'intime connexion des deux dialectes, hollandais et flamand, est un fait évident et incontestable : sauf quelques différences de pro-

(1) *Du royaume des Pays-Bas*, par le baron de Keverberg. T. Ier, 2e livrais. p. 307.

nonciation et d'orthographe, tout leur est commun, grammaire, syntaxe, génie. Eh bien! en haine de la Hollande et par une inconcevable exagération d'amour-propre national, certains hommes se mirent à contester, et à nier l'évidence. La Belgique avait brisé les liens politiques qui l'unissaient à la Hollande; ils voulaient qu'on brisât aussi les liens qui attachaient la langue de l'une à la langue de l'autre. Plus de contact, disaient-ils, entre le langage du peuple oppresseur et le langage du peuple affranchi. Révolutionnons la langue, comme nous avons révolutionné le pays.

C'était une énorme sottise. Aussi peu de Flamands consentirent à en subir la solidarité. L'immense majorité resta dans le vrai : elle soutint qu'il n'y avait pas entre les deux dialectes de différences essentielles; qu'il serait fou de songer à les introduire, et que la seule chose importante c'était d'aviser aux moyens de doter de l'unité orthographique la Belgique flamande.

L'on ne parvint pas à s'entendre, et l'orthographe compta plusieurs années d'anarchie.

Cette idée de forger un idiome à nul autre pareil, de fabriquer une petite langue *ad usum Belgii*, était éclose là où elle devait nécessairement éclore : dans la tête de quelques directeurs de pensionnat. De là cette dénomination d'orthographe des maîtres d'école, que nous adopterons aussi, pour nous conformer à l'usage reçu. Mais ici un mot d'explication est nécessaire.

Il est une profession respectable entre toutes, c'est celle de ces hommes qui se vouent à la tâche ingrate et pénible d'inculquer à des intelligences encore incomplètes les premiers éléments des langues et des sciences. Après un bon prêtre, nous ne connaissons rien de plus digne de la vénération publique qu'un bon instituteur : mais cette profession, tout honorable qu'elle est, a un bien fâcheux inconvénient : tournant constamment dans le même cercle de petites idées, ne traitant jamais que de petites choses, dont la connaissance leur donne cependant une grande supériorité sur les petits êtres qui se meuvent autour d'eux, les maîtres d'école sont exposés à tomber dans le rétrécissement d'esprit, à attacher à des vétilles une importance excessive et à s'exagérer démesurément leur mérite et leur talent. Il faut une robuste constitution intellectuelle pour résister à cette maladie d'état.

Le signal de la création d'une langue *sui generis* partit donc et devait partir du pupitre de ces maîtres d'école, pauvres philologues qui croient de bonne foi qu'il n'y a de capital et de transcendant dans les langues que les mystères de la grammaire, et que la seule diffé rence dans l'orthographe de deux idiomes en constitue une bien profonde dans le génie de l'un et de l'autre. Le Pierre l'Ermite de cette croisade grammaticale fut un nommé Behaeghel, maître de pension à Thourout.

Cependant, hâtons-nous de le dire, car le fait prouve en faveur de la civilisation du pays, ces porte-drapeaux de la sottise ne rallièrent qu'un petit nombre de partisans ; ils eurent même pour adversaires beaucoup de maîtres d'école ; oui, de maîtres d'école, tant est méritée la réputation de bon sens que se sont faite les habitants de la Belgique !

Cependant les magisters dissidents embauchèrent ailleurs quelques recrues. Et où, s'il vous plaît ? — Là où ils devaient naturellement en embaucher. — Mais encore, où donc ? — Est-il nécessaire de vous le dire ?

N'avez-vous jamais fait une expérience curieuse et d'un résultat toujours uniforme, toujours certain ? Quand une idée bien ridicule, bien saugrenue, bien absurde parvient, n'importe comment, à se produire dans le monde, ne vous êtes-vous pas quelquefois dit : Je suis sûr d'avance que cette idée est ancrée déjà dans tout ce que je connais ici-bas d'esprits faux, de cervelles creuses, d'intelligences avortées ? et l'événement n'a-t-il pas toujours confirmé vos conjectures ? Eh bien ! cette expérience, qui n'a jamais failli, s'est encore une fois vérifiée dans cette édifiante question de linguistique. On a parlé de langue indépendante, de grammaire émancipée, d'orthographe patriotique, et les sots, qui comprennent toujours, se sont précipités avec ardeur sur cette sublime innovation et se la sont appropriée avec acharnement.

La sottise trouva donc du renfort chez ses pairs, chez ses alliés naturels.

Mais, ajoutons-le bien vite encore une fois, car il y va toujours de notre bonne renommée, malgré ce surcroît de forces, la phalange enrôlée par les maîtres d'école est bien loin encore de présenter une armée numériquement imposante ; et, ce qui ne lui arrive pas toujours ni partout, la raison dans le pays des bons Flamands, a eu raison auprès de l'immense majorité.

Un seul homme de quelque valeur intellectuelle a donné la main au système des pédagogues, M. l'abbé de Foere ; mais de cette adhésion exceptionnelle il n'y a rien à conclure, rien, si ce n'est qu'un homme instruit, mais bizarre, a voulu se signaler par une bizarrerie de plus. Nous aurons d'ailleurs à expliquer plus amplement cette nouvelle excentricité du député de Bruges.

Nous ne rangerons pas non plus parmi les sots deux ou trois braves députés de l'opposition qui ne se sont pas refusé le plaisir de faire, ces jours derniers, une guerre de lettres et de vocables au pouvoir du jour. Cette démonstration tire encore moins à conséquence, et une pareille attaque, sous le rapport linguistique, n'a rien de bien sérieux de la part de ceux qui la dirigent. C'est un dictionnaire qui, faute de mieux, est transformé en assommoir politique. Laissons-les dire, c'est là du représentatif tout pur; cela ne nous regarde pas, nous autres paisibles philologues, et ne doit nullement nous alarmer. L'opposition pourrait même, sans danger pour nous et sans ridicule pour elle, prôner l'orthographe de M. Marle, si la glorification de l'orthographe de M. Marle pouvait chagriner quelque peu un ministère. Ainsi le permettent les mœurs constitutionnelles.

La linguistique hétéroclite est donc née de l'accouplement du pseudo-patriotisme avec la pédanterie; c'est du chauvinisme grammatical, c'est de l'orthographe politique. Ces messieurs signalent des voyelles patriotes et des voyelles orangistes ; ils distinguent des diphthongues orthodoxes et des diphthongues hérétiques. — La secte des maîtres d'école le déclare solennellement : avec son système, tout est sauf : notre nationalité, notre honneur de peuple, notre tranquillité intérieure, notre religion et nos mœurs; avec le système contraire, tous ces grands intérêts sont menacés et compromis.

Et remarquez-le bien, il ne s'agit toujours que d'un dissentiment en matière d'orthographe!

Mais, dira-t-on, vous exagérez évidemment. Il n'est pas possible qu'à propos d'une futile question grammaticale, on débite d'aussi monstrueuses balourdises; des Belges, quels qu'ils soient, ne sont pas capables de reculer ainsi les bornes de la déclamation et de l'absurdité. Vous vous servez d'un moyen usé : pour mieux ridiculiser vos adversaires, vous leur prêtez gratuitement des extravagances.

Nous n'exagérons rien ; nous restons au contraire bien en deçà de la réalité.

Mais vos preuves?

Nos preuves, elles surabondent ; elles se pressent même tellement nombreuses qu'elles nous jettent dans un véritable embarras. Que choisir dans une cinquantaine de brochures, filles de nos pédagogues, et toutes également gonflées de pathos ultra-patriotique et de phébus grammatical?

Il n'est aucun de ces pamphlets hybrides qui ne contienne contre la commission et ses partisans (c'est-à-dire tout le pays flamand, moins un original et une soixantaine de sots), l'accusation d'orangisme, ou haineusement insinuée, ou brutalement jetée à la face. Nous ne pouvons analyser tout ce pitoyable fatras. Force nous est de nous borner à un petit nombre de drôleries première qualité.

Nous donnerons la préférence à deux chefs-d'œuvre du genre : à une petite brochure publiée à Bruxelles en 1842, sous le titre de *Lettre à la Société Amour de la patrie*, et aux deux discours dont M. de Foere a récemment enrichi l'éloquence parlementaire ; ces productions ont le mérite d'offrir, condensée en un petit volume, toute la vapeur vomie par une foule de machines strépitantes ; c'est la quintessence de la sottise. — En voici des extraits textuels, où nous intercalerons quelques courtes parenthèses explicatives.

Écoutons d'abord parler M. de Foere :

« Fallait-il briser les sympathies flamandes, les mœurs flamandes (ces mœurs fondées sur la croyance, non pas en Dieu, mais en *den*) ? Fallait-il frapper les provinces flamandes dans leurs plus intimes affections (leur amour pour *ey*, leur dévouement à *uy*) ? »

(Discours de M. de Foere, séance de la chambre des représentants du 25 janvier 1844. — V. le *Moniteur* du 26.)

« C'est de la séve néerlandaise (l'orthographe de la commission). »

(Discours de M. de Foere, inséré au *Moniteur* du 20 janvier.)

« Ce sont des consonnes hollandaises. »

(*Id.*, *ibid.*)

« On assassine la langue du pays ! » (C'est vrai : on jugule nos *y* grecs ; on transperce nos *den* ; des voyelles nues se baignent dans le sang de nos accents poignardés) !!...

(*Id.*, *ibid.*)

« M. Sandelin.... il aimait trop la langue hollandaise (le traître écrivait *vaderland* au lieu de *vaederland*), c'est ce qui l'a fait piller. »

(*Id.*, *ibid.*)

« La commission royale (qui afflige M. Behaeghel et contrarie M. de Foere) n'est qu'une faction. »

(*Id.*, *ibid.*)

« La tendance de cette faction, messieurs, est d'exclure les habitants des provinces wallonnes non-seulement de toutes fonctions dans les provinces, mais encore du conseil des ministres et même de la cour, où la langue française est parlée (voyez-vous les épouvantables conséquences de la substitution de l'*i* simple à l'*y* grec?) »

(Discours prononcé dans la séance du 25 janvier.)

« Ils (les partisans de la nouvelle orthographe) sèment la discorde entre les deux grandes fractions du pays (les Wallons sont furieux de la suppression de quelques *y* grecs flamands). »

(*Id.*, *ibid.*)

« Elle (une opinion du pays) croit découvrir une impulsion étrangère dans ces moyens (*ei*, *ui*) de semer la discorde dans le pays. »

(*Id.*, *ibid.*)

« Vous ne pouvez pas nous arracher la langue..... de nos pères (oó, eé, qui datent de 1780). »

(*Id.*, *ibid.*)

« Mon opinion (toujours sur l'orthographe) est une opinion politique. »

(*Id.*, *ibid.*)

Prêtons maintenant l'oreille aux doléances de l'auteur de la lettre à la société *Amour de la patrie :*

« La Belgique, fidèle encore à ses habitudes et toujours dévouée à la foi de ses pères, ne s'émut point au ton alarmant des littérateurs hollandais (qui écrivent *aa* au lieu de *ae*).

(Lettre, etc., page 4.)

« Loin de consulter les goûts et les caprices de l'étranger, ayons le bon esprit d'examiner les habitudes et le génie du peuple belge (pour décider si *ey* ne vaut pas mieux que *ei*). »

(*Id.*, *p.* 7.)

« Ces hommes superbes (la commission) qui consultent moins les habitudes et le génie de la nation (pour prononcer sur le sort des accents) que leur vanité littéraire. »

(*Id.*, *p.* 8.)

« Un seul fil semble nous lier encore au précédent régime, le fil de la langue (*ooi* et autres diphthongues). Ne négligeons aucun effort pour le couper. »

(*Id.*, *ibid.*)

« Que le gouvernement conserve au peuple sa langue maternelle, de peur qu'avec la langue (toujours l'orthographe) ne se perde le sentiment de sa nationalité. »

(*Id.*, *p.* 9.)

« Que tous les instituteurs sans distinction soient obligés d'enseigner cette langue (l'orthographe des maîtres d'école) d'après des principes uniformément établis, que ne repoussent ni les habitudes du peuple, ni le génie particulier de la nation. »

(Lettre, etc., p. 9.)

Redoublons d'attention, voici le bouquet :

« Cependant on cherche à immoler cette langue (la vieille orthographe) sur l'autel druidique que les ennemis de notre nationalité s'efforcent d'élever ; ils se présentent en sacrificateurs, mais ils ne sont que bourreaux. L'autel de l'erreur n'est point celui de la foi de nos pères. »

(*Id.*, *p.* 10.)

Nous pouvons nous en tenir là.

Et maintenant, nous le demandons, avions-nous exagéré ces exagérations? avions-nous déclamé à propos de ces déclamations?

Et toutes ces fureurs et toutes ces clameurs, nous ne pouvons trop le redire, éclatent à l'occasion d'une question d'orthographe!

Mais, dira-t-on encore, est-il croyable que tant d'apoplectiques colères ne s'attaquent qu'à un système d'orthographe? ne combattent-elles pas plutôt un changement radical déloyalement introduit, sous prétexte d'unité et de perfectionnement, dans les parties vitales d'une langue?

Eh! non, mille fois non : il s'agit tout bonnement — non pas même d'une orthographe — mais, ce qui est bien différent, de quelques points orthographiques. Le *nederduitsch* belge n'en est plus, Dieu merci, à se bâtir tout un système de lettres et de syllabes.

Voici, pour en finir d'un seul coup, tous les crimes de la commission royale et du *taelcongres*. L'une a formulé huit règles (pas davantage), et l'autre les a adoptées avec un léger changement. Nous les transcrivons textuellement :

1° On emploie la voyelle simple dans toutes les syllabes qui ont une voyelle pour lettre finale, à l'exception de *e* et *o* longs aigus.

2° On supprime les accents, sauf les signes dont on a l'habitude de se servir pour indiquer une élévation particulière de la voix (*nadruk*) ou une contraction.

3° Les diphthongues *ei* et *ui* se forment avec l'*i* simple ; mais dans les mots qui reçoivent un accroissement syllabique on intercale le *j*, comme dans *vleijen*, *schreijen*, *kruijen*, *luijaerd*, etc.

Dans les diphthongues *aei*, *oei*, *ooi*, on se contente de l'*i* simple ; mais dans les mots à accroissement syllabique, on intercale encore une fois le *j*. On écrira donc : *draei*, *draeijen*, *gedraeid ; bloei*, *bloeijen*, *gebloeid;*

strooi, strooijen, gestrooid; strooijing, knoeijing, etc. (Cet article, et c'est le seul, a été ainsi modifié par le congrès linguistique.)

4° On emploie le *ch* devant la lettre *t* partout où le *g* n'est pas lettre radicale.

5° Au premier cas du masculin singulier on emploie les articles *de* et *een* en retranchant *n* (ou *en*) dans les adjectifs ; ceux-ci cependant, quand ils sont employés substantivement, prennent *n* au pluriel.

6° On conserve *dt* dans la conjugaison des verbes terminés en *den;* comme *gy wordt, bindt, bondt, hy wordt, vindt.*

7° On conserve *n* dans les adjectifs de matière.

8° On écrit *paerd* ou *peerd, waerd* ou *weerd*, etc., au choix.

Voilà tous les éléments du débat ; voilà tout ce qu'ont proposé (et non pas *imposé*, quoi qu'on en dise) la commission royale et le congrès linguistique.

Les vrais Flamands se rendent facilement compte de la portée de ces modifications purement orthographiques ; ils savent qu'elles n'altèrent ni n'affectent en rien le fond de la langue. Il n'en est pas de même de ceux à qui s'adresse particulièrement notre travail, les Flamands à langue francisée, les Belges wallons ; il nous faut, au moins par un exemple, tâcher de les initier aussi à ce grand mystère. Prenons un point de comparaison qui, par son analogie avec la langue qu'ils connaissent, leur facilite l'intelligence de ce que nous avons à leur apprendre.

Autrefois les Français écrivaient *roy, loy, employ;* l'Académie a trouvé convenable de recommander l'orthographe de *roi, loi, emploi;* tout le monde a eu égard à cette recommandation, et nul, que nous sachions, n'a accusé l'Académie de bouleverser la langue, de violenter les habitudes du pays. Mais tout en adoptant *emploi*, on continuait à écrire *il employe*, et par analogie *il paye, il effraye.* Ou bien on écrivait il *emploie*, etc., avec un *i* simple, mais on orthographiait de même *emploier, nous emploions.* Cette petite confusion a duré jusqu'à ces derniers temps. L'Académie encore une fois est intervenue et a établi, comme règle générale, que dans ces sortes de cas, il fallait l'*i* simple devant un son muet, et l'*y* devant un son plein : il *emploie, employer, employons; il paie, payer, etc.* Et tout le monde s'est de nouveau soumis, sans crier à la tyrannie, à l'immoralité ou à l'irréligion.

Il y avait confusion aussi en Flandre pour des cas analogues. On écrivait *strooi* ou *strooy* (paille), *strooien, strooyen* ou *strooijen* (joncher, répandre) ; *hy draeit* ou *draeyt* (il tourne), *draeien, draeyen* ou *draeijen.*

On invoquait une règle uniforme ; on nous la propose : le *taelcongres*, comme on vient de le voir, vote pour *strooi*, *strooijen ; hy draeit*, *draeijen*.

Tous les autres points naguère en litige, et résolus aujourd'hui, n'ont guère plus d'importance que celui-là.

Maintenant, parce que Racine avait écrit, par exemple :

> *En vain vous espérez qu'un dieu vous le* RENVOIE,
> *Et l'avare Achéron ne lâche point sa* PROIE,

les vieux partisans de l'*y* grec se sont-ils jamais avisés de crier à l'emploi d'une langue étrangère? ont-ils eu le courage de soutenir que ces vers si beaux et si clairs sont devenus mauvais et obscurs, parce qu'il s'y trouve *envoie* et non pas *envoye ; proie* au lieu de *proye ?* Non, le plus intrépide des *lettersplitters* français a craint de se donner cet épouvantable ridicule.

Eh bien ! nos pédagogues belges et leur patron dans le parlement sont moins timides, eux. Ainsi, que M. Ph. Blommaert s'avise de chanter :

> *Naeuw had het nachtfloers weêr de zwygende aerde* OMZWAEIT
> *Toen 's kerkers zware deur op hare herre* DRAEIT (1).

ils n'hésiteront pas à dire que ces vers, beaux aussi, beaux surtout d'harmonie imitative, sont détestables et inintelligibles, parce qu'ils ne sont pas écrits dans *la langue de leurs pères ;* parce que dans *omzwaeit* et *draeit i* simple usurpe la place de *y* grec !

C'est que, voyez-vous, nos maîtres d'école adorent les *y* grecs : ils prétendaient en mettre partout, et on leur en ravit un nombre considérable ; aussi ne veulent-ils pas être consolés parce qu'ils ne sont plus.

Ce qu'ils regrettent au moins autant que les *y* grecs, ce sont leurs chers accents ; ils ne parlent de ces signes respectables, mais inutiles, qu'avec une voix pleine de larmes : si nous avions un *Charivari* belge, le petit journal dirait qu'à propos de leurs pauvres accents, ces messieurs en font entendre de bien déchirants.

Mais ce qui les contriste et les indigne plus encore que le trépas des *y* grecs, plus même que l'extermination des accents, c'est la substitution de *de* à *den*. Dans la cabalistique particule *den*, ils voient surtout le signe typique de la nationalité, le boulevard de

(1) A peine le crêpe de la nuit a-t-il enveloppé de nouveau la terre silencieuse, que la lourde porte du cachot tourne en criant sur ses gonds.

LIEDERICK DE BUCK, *poëme en trois chants*, *par Ph. Blommaert.*

notre indépendance, la sauvegarde de *la foi de nos pères*. Que de flots d'encre épanchés en faveur de ce palladium grammatical et patriotique !

Oui, autour de ce petit mot *den*, il s'est engagé de nos jours des combats plus nombreux et plus acharnés que n'en livrèrent jadis les Grecs et les Troyens autour du corps du grand Patrocle, de classique mémoire.

Mais qu'est-ce donc que cette terrible pierre d'achoppement, que cette fatale pomme de discorde? *Den* n'est ni plus ni moins qu'un article qu'on place devant les noms masculins singuliers. Dans le système de la commission, on ne l'emploie qu'en régime ; nominatif ou sujet, il devient *de ;* selon Behaeghel et de Foere, il faut toujours écrire *den*. (*De* est aussi l'article du féminin singulier, et au pluriel il est employé pour les trois genres.)

Eh bien ! qu'a donc de si effrayant la distinction admise par la commission ? par quel motif ses ennemis en combattent-ils l'adoption ? par un motif admirable, comme vous allez voir.

Ils veulent surtout qu'on respecte *le sexe des noms* (1), et si l'on écrit *de man* (l'homme, *vir*) *de vader* (le père), ils ont peur, disent-ils, qu'on ne prenne *man* et *vader* pour des femmes. — Linguistes prudents et pudibonds ! Au pluriel, ils sont moins scrupuleux, cependant : ils disent *de vaders*, comme ils disent *de moeders* (les mères).

Il n'est nullement dans nos intentions de pénétrer dans les détails techniques d'une question coulée à fond depuis longtemps, et de reprendre en sous-œuvre une tâche si bien remplie par d'autres. Nous ne pouvons nous empêcher pourtant de dire quelques mots sur le fond de la discussion à propos de ce malencontreux *den*.

Dans le flamand, il n'est pas d'une nécessité indispensable que le genre du nom soit indiqué par l'article; et la preuve, c'est qu'au pluriel nous n'avons qu'un seul signe prépositif pour les trois genres, *de* (*de mannen, de vrouwen, de kinderen*) ; d'ailleurs, l'article dans cet idiome disparaît très-souvent ; mais ce qui importe immensément dans une langue à larges constructions transpositives et souvent elliptiques, c'est qu'on multiplie autant que possible les inflexions, et qu'on distingue soigneusement les désinences. Ceci est une source intarissable de clarté et de beauté dans le style poétique et dans la prose du genre élevé. Mais c'est bien de style qu'il s'agit auprès de nos maîtres

(1) *Le sexe des noms*, expression de M. Bôn, l'un des plus fougueux défenseurs du système Behaeghel. V. *Grammaire pour apprendre le flamand, par M. E. Bôn, professeur diplômé, traducteur juré, etc.* — Bruxelles, chez l'auteur, 1840.

d'école! En matière de langue, ces aigles ne voient jamais plus loin que... leur orthographe.

Ainsi, dans la langue antilittéraire de ces messieurs, le vers que voici :

Den dichter lacht den hemel toe,

est complétement amphibologique. On ne sait si c'est le poëte qui sourit au ciel, ou si c'est le ciel qui sourit au poëte. Tandis que la première de ces significations est clairement rendue par l'emploi du *de* avec *dichter :*

De dichter lacht den hemel toe;

et la seconde, par l'apposition du *de* devant *hemel :*

Den dichter lacht de hemel toe.

Puis, vous pouvez encore, ce qui n'est pas permis au système scolastique, varier de deux autres manières l'allure de votre vers, sans obscurcir le sens que vous auriez en vue :

Den hemel lacht de dichter toe;
De hemel lacht den dichter toe.

Ainsi encore, en bon langage, le fameux cri de guerre : *Vlaenderen den Leeuw,* ne peut offrir qu'un sens : *La Flandre au Lion ;* tandis que dans la langue moins nuancée, et partant moins claire, de ces messieurs, il présente encore celui-ci : *La Flandre le Lion,* ce qui est fort expressif, à coup sûr. Les malheureux ! ils voudraient communiquer les brouillards de leur intelligence même au cri de nos vieilles et glorieuses batailles flamandes !

Ajoutons une autre observation.

Pour composer le livre que nous sommes à la veille de publier, nous avons eu besoin de passer attentivement en revue la nombreuse famille des langues d'origine teutone, qui toutes se tiennent encore par des liens si étroits que très-souvent elles peuvent mutuellement se prêter des éclaircissements dans des cas douteux. Eh ! bien, nous avons été frappé de ce fait que dans toutes (excepté dans l'anglais, où *the* est toujours invariable) la forme des articles et des particules correspondantes varie constamment de sujet à régime. Ainsi, quand dix langues sœurs de la nôtre condamnent analogiquement la généralisation de *den ;* quand les auteurs hollandais la repoussent; quand les littérateurs flamands n'en veulent pas ; quand presque toujours, dans la conversation, le peuple flamand lui-même n'en veut pas davantage, quelques maîtres d'école, plus M. de Foere, s'opiniâtrent à la réclamer, afin de se faire une toute petite langue à leur usage personnel et pour leur plaisir particulier !

Nous venons de dire qu'en Belgique le peuple lui-même rejette en grande partie l'emploi du fameux *den* qu'on implore en son nom ; et ceci n'est pas le côté le moins curieux de cette curieuse polémique. En effet, toujours dans la langue parlée (sauf devant deux ou trois consonnes et les voyelles) on prononce *de* là où les Behaeghelistes exigent impérieusement *den : de man gaet* (l'homme marche) ; *de vader wandelt*, le père se promène. Tout le monde parle ainsi, même les maîtres d'école. De sorte que, dans le système de ces grammairiens (voir plus haut nos citations), vous pouvez dire en parlant *de man gaet, de vader wandelt,* sans cesser d'être un homme moral et religieux et un bon citoyen ; mais si en écrivant vous mettez *de man gaet, de vader wandelt,* anathème sur vous ! vous attentez aux mœurs, à la religion et à la nationalité.

Est-ce assez d'absurdité ?

Bornons à ce peu de lignes nos remarques sur le fond. Renvoyons pour le reste aux savants ouvrages de MM. Bormans et Willems. Pour tout Flamand sensé, il y a plaisir et profit à les lire. Et si, d'un côté, à propos d'un assez misérable démêlé, le bon sens public a eu à s'affliger d'une avalanche de niais écrits ; de l'autre, grâce aux Willems et aux Bormans, les amis des hautes études linguistiques ont pu battre des mains : la science philologique s'est remarquablement enrichie.

Animés par la contradiction, les deux énergiques lutteurs se sont mis à creuser leur sujet à une profondeur beaucoup plus grande que ne l'exigeaient les piètres proportions du débat. Sous leur plume, le cercle de la discussion s'est élargi de manière à mettre au grand jour, à faire toucher du doigt la formation première de notre langue, ses développements successifs et les derniers perfectionnements dont l'ont dotée de grands écrivains. Des flancs d'une petite question d'orthographe ils ont fait sortir un système complet de philosophie linguistique. Ils ont convaincu tous les esprits susceptibles d'une conviction raisonnée ; ils ont noyé leurs aversaires sous des flots de bonne et solide érudition. Quoi qu'il avienne de ces passagères querelles, une chose restera certaine, c'est que deux profonds philologues se sont révélés au pays.

Mais leurs adversaires, à tant d'attaques savantes, par quelles raisons de science ont-ils répondu ? Hélas ! les arguments scientifiques de ces estimables faiseurs de rudiments se réduisent à rien, ou du moins à bien peu de chose. Tandis que les Bormans et les Willems remontent le cours des âges, pour aller surprendre les mystères de la langue encore au berceau et qu'ils reviennent comparer les fruits de leurs découvertes avec les brillants essais de nos bons auteurs de la fin du moyen âge et de la renaissance, avec les chefs-d'œuvre des littérateurs hollandais du XVIIe siècle et de notre temps : eux, les indolents schismatiques, ils s'arrêtent à 1780, et pour leur présomption magistrale l'autorité des écrivains de génie est une autorité non avenue. A des raisonnements philologiques, ils opposent constamment des considérations politiques et sociales de la force de ceux que nos lecteurs ont pu admirer dans nos extraits d'il y a quelques pages. Toute leur défense se réduit au fond à cette vieille logique de la déraison, extrême ressource des causes perdues : votre orthographe n'a ni Dieu, ni foi, ni loi; votre orthographe, c'est de l'orangisme.

Une orthographe immorale! une orthographe impie! une orthographe orangiste! C'est plaisant; bien plus plaisant que cela ne paraît même. En effet, voyez la cocasserie de ces accusations.

Sur sept membres qui formaient la commission qui a jeté les fondements de l'orthographe uniforme, on comptait deux ecclésiastiques, MM. David et de Smet; des ecclésiastiques ont également consacré par leur vote la décision du congrès de Gand; la majorité des membres du clergé a adhéré au système nouveau; des prêtres, qui se vouent à la littérature flamande, n'en suivent pas d'autre, et les dix-huit professeurs du séminaire archiépiscopal de Malines l'adoptent, afin de l'introduire dans leurs colléges et leurs écoles. Il y a plus, les hommes politiques les plus dévoués au nouvel ordre de choses, parmi lesquels il suffira de nommer M. de Decker, se déclarent ouvertement les défenseurs de l'orthographe modifiée. Enfin, au premier rang des partisans de la jeune école se montre M. Decloet, instituteur du duc de Brabant (1).

Certes, ce sont là d'étranges orangistes; et avancer publiquement que tous ces hommes attachés à la nationalité et plus encore, il faut

(1) *Essai sur les langues française et nationale. Supériorité de celle-ci sur la première*, par M. J.-J. Decloet, instituteur du jeune duc de B. Tel est le titre d'un opuscule fort substantiel et fort remarquable, publié à Tirlemont en 1841. Ce n'est qu'une réimpression. L'auteur l'avait fait paraître en 1820, dans le *Spectateur belge*, sous le titre d'*Essai* sur les langues *francaise et hollandaise*. La substitution de *nationale* à *hollandaise* est le seul changement qu'ait subi la nouvelle brochure, soit dans son titre, soit dans son texte. Remarquons-le bien, le panégyrique de la langue *hollandaise* admis dans le *Spectateur belge*, dirigé par M. l'abbé de Foere, qui depuis.. !

La nouvelle édition porte en tête cette note, publiée par l'imprimeur ; elle est significative.

« Depuis que j'ai mis sous presse cette brochure, il m'est parvenu un article dû à la plume de M. Delgeur, professeur à l'institut archiépiscopal de Saint-Louis, à Malines. Les preuves que l'écrivain y allègue pour démontrer que le hollandais et le flamand ne forment qu'une *seule langue*, sont si palpables, que cet écrit est une *vraie carte en relief* propre à l'instruction des AVEUGLES qui, sous prétexte de patriotisme *pur sang*, crient à la trahison sur des prêtres vénérables, parce qu'ils suivent l'orthographe du congrès de Gand! *Quousque tandem?*...

le croire, à *la foi de leurs pères*, favorisent une orthographe en partie hollandaise avec des arrière-pensées de restauration et dans des vues anticatholiques, c'est par trop abuser du privilége

Qu'ont les pédants de gâter la raison,

pour emprunter un trait incisif au bonhomme.

Un mot maintenant des bases sur lesquelles nos pédagogues élèvent leur système grammatical.

Ces bases se réduisent à trois : 1° l'autorité de Desroches ; 2° leur propre autorité, à eux maîtres d'école ; 3° les habitudes, les mœurs du pays, et le caractère ou le génie du peuple belge. Examinons ce triple fondement de l'édifice scolastique.

Qu'était Desroches? était-ce un écrivain flamand hors de ligne? a-t-il brillé dans la littérature flamande comme poëte, comme orateur, comme historien ? a-t-il publié dans l'idiome du pays quelques-uns de ces écrits qui excitent l'admiration universelle, qui ont la puissance de renouveler la face d'une langue et s'imposent de haut aux contemporains et à la postérité, comme des modèles de raison, de goût et de style?

Non, rien de tout cela; quoique Hollandais de naissance, Desroches a fort peu écrit en flamand ; ses principaux ouvrages, dont nous ne prétendons pas, d'ailleurs, rabaisser le mérite, il les a rédigés en latin ou en français.

Qu'a-t-il donc fait, pour la langue flamande? il a composé une grammaire, et quelle grammaire! Les Hollandais, qui se connaissent en *nederduitsch*, vous pouvez nous en croire, ont appelé Desroches *de doorluchtige taalbederver*, l'illustre gâte-langue. C'est pourtant de cette belle production qu'on a essayé et qu'on essaie encore de faire le code linguistique du pays flamingant.

Or, qu'est-ce qu'un grammairien? un grammairien, comme on l'a dit, n'est que le tabellion de l'usage, c'est-à-dire du bon usage, de celui que recommande l'exemple des bons auteurs.

Les fonctions du grammairien consistent donc uniquement à rechercher, à trier et à ramener à des principes simples et généraux les traditions et les errements des grands écrivains. — La grammaire, en d'autres termes, c'est la systématisation de certaines parties de la langue cultivée, de la littérature en un mot. Celle-là suppose toujours la préexistence de celle-ci.

Maintenant Desroches s'est-il borné à cet humble rôle? a-t-il modestement rempli ses devoirs de grammairien? Nullement. Il a fait un rudiment où aucun compte n'est tenu des antécédents littéraires de la langue qu'il prétendait régenter. Il a refusé de rien emprunter aux auteurs hollandais, il a dédaigné de puiser aux sources flamandes anciennes, et il lui eût été difficile, quand même il l'aurait voulu, de s'appuyer sur les écrivains de son temps, car rien de plus terne et de plus pauvre que la littérature flamande à cette époque (1). Desroches se sert donc à lui-même de modèle; ses règles, c'est son caprice; ses raisons, son bon plaisir.

Et ce sont les volontés arbitraires de cet homme qu'on veut ériger en lois souveraines et immuables du langage : le grand, l'immortel Desroches, comme parlent les maîtres d'école, a tiré la langue du néant, et lui a dit un solennel *non ibis ampliùs*. Inutile et inconvenant, selon eux, d'examiner et d'invoquer ce qui était avant Desroches. Mais s'ils ne consentent pas à remonter à toute autre autorité antérieure, ils daignent cependant descendre jusqu'à eux-mêmes. Ils se trouvent suffisamment compétents, et, sous prétexte de développer et de défendre le système du maître, ils vont entassant grammaire sur grammaire, lançant brochure après brochure. Et il faut bien qu'ils le fassent, car l'*immortel* Desroches n'a produit qu'une œuvre imparfaite et boiteuse, une faible ébauche qui est loin d'embrasser l'ensemble de son sujet. Mais, comme il arrive toujours aux sectaires qui substituent à la forte et salutaire règle de l'unité les fantaisies du vouloir individuel, ils tombent dans l'anarchie, ils enfantent autant de systèmes divers qu'il y a parmi eux d'ergoteurs écrivants, et il y en a beaucoup. Nous jouissons d'une petite tour de Babel flamande.

Voilà pour les deux premiers fondements de la sagesse pédagogique; abordons le troisième.

Dire que la langue d'un peuple s'empreint et doit s'empreindre des mœurs, du génie particulier de ce peuple, c'est énoncer une proposition si évidente, une vérité si universellement reconnue et tant de fois répétée, que ce n'est plus qu'un lieu commun. Mais venir répéter cet axiome avec des gémissements emphatiques alors qu'il ne s'agit que de quelques futilités orthographiques (et nous le répéterons sans cesse, il ne s'agit pas d'autre chose), c'est là de la niaiserie élevée à la dix-millième puissance. La langue flamande, dans sa constitution générale, a pris les formes du moulé national depuis un nombre respectable de siècles; nous ne datons pas d'hier ni de 1780. Seulement hier, il restait quelques

(1) Un ouvrage flamand, que M. Willems regarde comme une brillante exception aux insignifiantes productions d'un siècle de stérilité, avait paru pourtant à Anvers, du temps de Desroches, la traduction de l'Écriture Sainte, par les pères G. Smits et P. Van Hove. Ces religieux belges ont adopté dans leur livre l'orthographe de *ei* et *ui*, et, *eloquar an sileam*, M. de Foere? l'emploi de *de* en sujet et au masculin singulier, *de man!!* .. Tant il est vrai que l'orthographe de la commission est anticatholique et antinationale!

points d'orthographe à régler, voilà tout. Or, dites-nous, M. Behaeghel, dites-nous, M. de Foere, quelle fibre subtile vous découvrez dans le génie belge, dans le caractère flamand pour qu'on doive écrire *vryheyd* (liberté) plutôt que *vryheid;* expliquez-nous quelles furent en France la part de l'esprit national, l'influence des mœurs publiques dans le changement de *renvoye* en *renvoie.*

On invoque aussi les habitudes du peuple, et, qu'on ne le perde pas de vue, c'est toujours d'orthographe qu'il est question. Mais si l'orthographe a une mission spéciale, c'est bien sans doute celle de reproduire les sons de la langue parlée ; de figurer aux yeux, autant que faire se peut, ce qu'entend l'oreille. Eh bien ! on va voir tout ce qu'a de concluant cet appel aux habitudes populaires. Dans la Belgique flamande, pour la prononciation, on compte autant de catégories qu'il y a de provinces ; puis, ces catégories se subdivisent en trois ou quatre classes encore pour chaque province en particulier. De plus, le peuple—et, sous le rapport de la langue parlée, tout le monde est peuple dans les contrées flamandes—reste partout asservi, de l'aveu de tous, à une prononciation des plus vicieuses. Maintenant, au milieu de toutes ces langues cacophones, laquelle choisir pour règle dominante? Comment s'y prendre pour fonder une orthographe homogène et générale avec ces divergences multipliées à l'infini? Évidemment, pour mettre d'accord la grammaire et la prononciation, il n'y a pas moyen d'adopter pour norme la donnée ingénieuse fournie par nos spirituels philologues.

Battus encore sur ce point et poussés à bout, les maîtres d'école, en désespoir de cause, se rejettent enfin sur l'usage observé dans la langue écrite.

Et, pour le coup, ils ont raison ; ils auraient même dû commencer par là et se borner à cet unique moyen. Oui, dans les langues, l'usage doit tout régler ; depuis longtemps on est unanime à cet égard, et il y a bientôt deux mille ans que le poëte *ami du bon sens* a écrit :

> . . . . *l'usage*,
> *Arbitre souverain et tyran du langage* (1).

Et ici nous allons leur faire une grande concession, un aveu qui les surprendra bien. Nous déclarons donc que leur orthographe ne nous paraît ni meilleure ni pire que toute autre orthographe, sauf pourtant l'inadmissible *den*, qui roidit le style et obscurcit la phrase. A

(1) . . . . usus,
Quem penès arbitrium est et jus et norma loquendi.
Tout le monde sait que ceci est d'Horace ; la traduction est de M. Ch. Froment. Nos maîtres d'école vont la trouver bien mauvaise ; ils diront que c'est une traduction orangiste.

force d'étudier les langues dans leurs parties intimes et élevées, nous sommes devenu à peu près indifférent en matière de grammaire et presque athée en matière d'orthographe ; pour nous il n'y a là ni révélation ni dogmes antérieurs. Ainsi, notre endurcissement va au point de croire qu'un auteur français, par exemple, peut violer une règle de participe et être néanmoins un écrivain de génie.

Si donc les maîtres d'école parvenaient à prouver qu'ils ont pour eux l'usage (l'usage tel que nous l'entendons), sans hésitation nous serions des leurs. Oui, s'ils pouvaient nous montrer une phalange tant soit peu respectable d'auteurs flamands contemporains adoptant pour des œuvres vraiment littéraires l'orthographe des Desroches et des Behaeghel, cette orthographe deviendrait la nôtre, toujours l'odieuse entrave *den* exceptée ; elle le deviendrait malgré l'exemple attrayant de la littérature hollandaise, malgré les trésors de science philologique prodigués par les Willems et les Bormans dans l'intérêt d'un autre système. En fait de dialecte, l'usage littéraire du pays doit l'emporter, comme autorité, sur les errements du dialecte voisin, quelque séduisants qu'ils soient, et même sur l'érudition indigène, toute prodigieuse qu'elle est.

Mais bien loin de combattre en s'appuyant sur une légion d'auteurs vivants, ils n'en appellent pas un seul à leur secours. Ils ne le peuvent pas, les infortunés : aucune plume intelligente ne daigne se servir de leur orthographe ; leur système ne se recommande que par leurs propres élucubrations, hélas ! — des grammaires et des pamphlets grammatico-politiques.

Cependant, direz-vous, puisqu'ils s'en rapportent à l'usage constaté par des écrits, encore faut-il qu'ils citent des autorités littéraires quelconques. Quelles sont-elles?

Ici encore ce que nous avons à répondre va paraître incroyable. Après les curieux échantillons de splendides non-sens et d'éblouissantes extravagances que nous avons montrés tantôt en analysant certaine lettre et les harangues de M. de Foere, le lecteur s'imagine sans doute qu'il est impossible, même à ces messieurs, d'aller au delà. Il se trompe pourtant et va se convaincre que, si le Créateur a mis *un frein à la fureur des flots* et des bornes au génie de l'homme, il a bien voulu, dans sa bonté infinie, ne pas poser de limites à la sottise humaine.

Les maîtres d'école soutiennent intrépidement qu'en fait de linguistique, ce qui doit trancher les questions controversées ce sont les formes de style et d'orthographe qui fleurissent dans les greffes des corps politiques et judiciaires, dans les bureaux des colléges administratifs, dans les comptoirs des négociants, dans les études de notaires.

Ces assertions sont reproduites à satiété dans les factums de la pédagogie schismatique. Nous pourrions multiplier les citations, mais, pour éviter les longueurs, bornons-nous encore une fois à extraire un peu de moelle de la grasse et substantielle matière que nous avons déjà manipulée : l'inappréciable lettre à la société *Amour de la patrie*, et les adorables discours de M. l'abbé de Foere. On ne peut mieux faire que de consulter ces deux miroirs, réflecteurs fidèles de burlesques images.

Voici mot pour mot ce qu'écrit l'auteur de la lettre :

« Si M. le ministre de l'intérieur, au lieu de s'adresser à des hom-
« mes prévenus, avait fait un appel aux citoyens qui ont conservé la
« tradition de leurs pères et qui se sont servis, soit pour *leurs fonctions*
« *publiques,* soit pour *leurs transactions particulières,* de la langue fla-
« mande, bien des patriotes, sans autre but que le bien général,
« auraient donné des conseils exempts d'égoïsme, de vanité et d'or-
« gueil. Ils auraient pu faire voir que la majeure partie des *actes du*
« *conseil de Brabant, ceux des magistrats de Bruxelles, de Louvain, d'An-*
« *vers, de toutes les* villes des deux Flandres, de la Gueldre et d'une
« partie du Hainaut, étaient rédigés dans cette langue, objet du mépris
« de ces hommes superbes qui, etc. »

(Lettre etc., page 8.)

La foudre démosthénienne de M. de Foere gronde ainsi :

« Consultez tous les *actes notariés, tous les mémoires et documents judi-*
« *ciaires écrits dans les provinces flamandes et toutes les correspondances,* il
« vous sera démontré que les 99/100mes de ces écrits sont encore au-
« jourd'hui rédigés dans notre langue flamande, et non pas dans le
« dialecte hollandais. Et voilà que M. le ministre de la justice s'ap-
« puie sur l'unanimité ! N'est-ce pas l'usage qu'il fallait consulter,
« l'usage seul qui fixe les langues (l'usage des greffiers, des procu-
« reurs et des agents d'affaires) ? Fallait-il briser les sympathies fla-
« mandes? etc., etc. »

(Discours prononcé par M. l'abbé de Foere dans la séance de la chambre des représentants du 25 janvier. — *V.* le *Moniteur* du 27.)

Ainsi c'est entendu, les législateurs du Parnasse, comme on disait autrefois, ce sont les conservateurs des archives, les commis négociants et les clercs de notaires.

Oh! que cela est admirablement trouvé et que nous voilà lancés d'un seul bond bien au delà de la civilisation la plus avancée! Prenons en pitié ces pauvres Français qui se laissent persuader que Boileau et Racine ont fixé leur langue et qui écrivent moutonnièrement à leur exemple : *aimés*, tandis que c'est évidemment *amés* qu'il faut écrire : *Nos amés et féaux*, ainsi qu'on le lit dans des milliers de chartes et de lettres patentes. — Que parlent-ils de l'esprit de Mme de Sévigné et des grâces de son style ; arrière cette femme superbe et vaine (comme notre commission royale) ; voici le vrai genre épistolaire : *Répondant à l'honorée vôtre du* 15 *courant.* Français, c'est là *la langue de vos pères,* témoin quelques millions de lettres commerciales qui *seules ont fixé l'usage.*

Et vous, littérateurs flamands, arrachez le bandeau de vos yeux ; voyez la fausse voie où vous êtes entrés ; cessez de modeler vos écrits sur de prétendus chefs-d'œuvre littéraires publiés dans la Flandre, le Brabant et la Hollande ; voici la source où il faut puiser, voici le style-modèle du *nederduitsch :*

In den name svaeders en soens en shelichs gheests amen. Jc ou ick. . . . graeve, etc. (1).

Venditie van een huys GESTAEN *en gelegen. — Ten bureele van. — Twee zitdaegen, wanof den eersten,* etc. (2).

Mais trêve d'ironie. Il est temps de dire sérieusement aux étrangers, aux oreilles de qui pourrait parvenir le bruit de tant de folies, que ce ne sont là que les rêves de quelques cerveaux débiles échauffés par quelques cerveaux brûlés, et que le pays ni son gouvernement n'en sont nullement complices. Il ne faut pas que, faute de protestation, la Belgique soit livrée aux risées de l'Europe.

Mais il y a contre ces absurdités une protestation autrement éclatante que les efforts de notre faible plume : ce sont les œuvres, déjà si nombreuses, de cette belle littérature flamande qui a surgi comme par enchantement. Arrêtons-nous un instant sur ce sujet où peut se complaire le patriotisme de bon aloi.

La littérature flamande a pris, depuis quelques années, un essor réellement merveilleux. Naguère encore la Belgique passait pour un pays antilittéraire : grâce à nos écrivains flamands, elle cesse de mériter ce triste renom. Dans une autre partie de notre livre, nous consacrons plusieurs pages à l'appréciation de leurs écrits ; nous nous bornerons à dire ici que quelques-unes de ces productions sont des chefs-d'œuvre, et que plusieurs autres en font entrevoir dans l'ave-

(1) Formule de nos diplômes du moyen âge.

(2) Style ancien et moderne des annonces de notaires.

nir. Près de cinquante travailleurs enrichissent sans relâche la Belgique intellectuelle des fruits de leur imagination ou de leur science. Et, chose remarquable, dans ce fécond enfantement presque rien de médiocre : nos auteurs se servent admirablement d'une langue admirable. Ce jugement s'applique particulièrement aux compositions poétiques ; et nous prions instamment le lecteur de ne pas prendre cet éloge pour l'exagération d'un patriotisme puéril : nous savons nous garantir de cette sottise trop commune d'élever des œuvres informes sur le bouclier de la nationalité. D'ailleurs les ouvrages de ces messieurs sont là, et un public d'élite qui les a lus avec avidité peut dire si nous leur prodiguons des louanges hyperboliques.

Faisons le recensement de ces restaurateurs des lettres flamandes. Voici leurs noms :

MM. Van Ryswyck, Van Duyse, Ledeganck, Blommaert, Blieck, Nolet de Brauwere, Vervier, Rens, Van den Nest (prêtre), Renier, Dautsenberg, Van Hasselt, Duvillers (prêtre) (1), MMmes Courtmans et Van Ackere.

Ces écrivains se vouent principalement au culte de la poésie.

Voici maintenant les noms des romanciers et des autres prosateurs (moralistes, philologues, auteurs dramatiques, etc).

MM. Conscience, Jules de St.-Genois, De Laet (2), Van Kerckhoven, Ronsse, Sleeckx, Willems, David (prêtre et professeur à l'université de Louvain), Bormans, Snellaert, Darings (pseudonyme de T....) Van de Velde, Van Peene, Ondereet, Rosseels.

Comme les précédents, tous ces littérateurs se sont fait connaître par des œuvres d'une certaine étendue.

A cette liste déjà longue nous pourrions ajouter les noms d'un grand nombre d'amateurs qui ont fait avec bonheur l'essai de leur plume dans nos recueils périodiques de littérature flamande : tels sont MM. Delgeur, Martens, Heremans, Van Miegem, Mme De Cock, M. De Deyn, M. Blereau, M. D'Huygelaere, Mlle Marie D'Huygelaere, M. De Cuyper, MM. Boucquillon, Sacré, etc., etc..

Enfin, terminons cette imposante énumération en mentionnant quelques modestes littérateurs qui, également dans nos publications périodiques, gazent du voile de l'anonyme de charmantes productions.

(1) M. Duvillers ne suit pas précisément l'orthographe de la commission, mais il n'emploie pas non plus celle des maîtres d'école : il a adopté un système mixte.

(2) Beaucoup de nos prosateurs ont également publié des vers, en nombre plus ou moins considérable ; plusieurs d'entre eux même, comme M. de Laet, en font d'excellents.

Voilà l'armée littéraire qui marche sous le drapeau déployé par la commission royale.

Ainsi, toutes nos abeilles flamandes se sont élancées dans la voie nouvelle ; tandis que la routine ancienne a pour tous partisans quelques lourds frelons, qui, pour la recommander, n'ont à faire entendre que leur propre bourdonnement. Indépendamment des autres considérations qu'ont fait valoir nos savants, cette situation littéraire est un argument irréfutable ; la question est tranchée : là est la bonne orthographe où sont les bons auteurs.

Nous avons vu précédemment les raisons d'État pour lesquelles nos pédagogues veulent faire assommer l'orthographe leur ennemie ; M. de Foere, pour la proscrire, a trouvé encore des considérations politiques d'un autre ordre : il a découvert qu'elle viole la constitution.

Nous avions tout à l'heure des voyelles antinationales ; voici venir maintenant des voyelles inconstitutionnelles.

Faut-il relever cette nouvelle excentricité ? Il nous semble qu'on pourrait en faire justice en résumant la question dans un tout petit dialogue tel que celui qui va suivre :

M. de Foere. L'orthographe consacrée par le 1er janvier est une grave atteinte portée à la constitution.

M. le ministre de la justice. Je ne me crois pas si coupable. Ce que j'ai fait est bien simple, et même je ne pouvais guère faire autrement. Pour la traduction flamande de nos lois, il me fallait bien une orthographe quelconque ; j'ai choisi celle qui évidemment avait pour elle la majorité du pays flamand, majorité trois fois constatée, majorité compacte, légitime et compétente.

M. de Foere. Mais on change la langue de nos pères.

M. le ministre. On ne modifie que l'orthographe.

M. de Foere. Mais je dis qu'on assassine notre langue. (Voir plus haut.)

M. le ministre. On n'assassine rien du tout. Encore une fois, on ne s'est occupé que d'orthographe. Voici les huit règles de la commission, rien que de l'orthographe ; et ni dans son sein ni ailleurs on ne s'est occupé de réglementer autrement la langue. La preuve que je vous oppose est péremptoire ; la discussion doit finir.

M. de Foere. Elle ne finira pas. Le travail de votre commission a métamorphosé la *langue* flamande en *langue* hollandaise.

M. le ministre. Je ne le pense pas : des points d'orthographe ne peuvent ni influer sur le fond d'une langue, ni en transformer le génie. S'il en était autrement, s'il y avait aujourd'hui quasi-identité entre le flamand et le hollandais, cette identité ne saurait être le fait de huit règles purement orthographiques ; ce serait qu'elle a été établie depuis longtemps par la nature et l'histoire.

M. de Foere, entre ses dents. Encore un orangiste ! à haute voix : Je demande que l'immense question de l'orthographe flamande soit décidée par une loi.

(*Un député du Hainaut.* Une loi sur le flamand par une chambre moitié composée de wallons !)

M. le ministre de l'intérieur a également été attaqué à coups de caractères d'alphabet. On a exigé, dans la chambre, qu'il se prononçât, en ce qui concerne l'instruction publique, pour ou contre Desroches. M. Nothomb a déclaré vouloir rester neutre. C'est beaucoup de réserve. Cependant, tout bien considéré, on ne peut qu'approuver l'attitude qu'il juge convenable de prendre : en matière de langue, un gouvernement doit éviter jusqu'à l'apparence de la contrainte. Et le ministre a d'autant plus raison de s'en rapporter au bon sens public, que dejà spontanément la grande majorité de nos instituteurs suit l'exemple des littérateurs flamands.

M. de Foere demande donc que l'orthographe vieillie soit maintenue par voie d'autorité, et que nos chambres, se constituant en concile linguistique, formulent et décrètent ce symbole : *Hors de Desroches, point de salut.*

Il serait bon cependant qu'on réfléchit un peu aux inconvénients que pourrait entraîner le précédent que cherche à poser le savant député de Bruges : il est certain, selon nous, qu'on ne saurait, sans danger, consacrer l'usage de déférer à la législature les questions d'orthographe et de grammaire.

En effet, l'antécédent établi, les Wallons ne pourraient-ils pas, quelque jour, venir réclamer aussi, du haut de la tribune nationale, l'introduction légale dans leurs provinces d'une petite langue à part, d'une langue française belge?

Qu'on ne rie pas. Sous le rapport de la ressemblance, le wallon est à peu près au français, comme le flamand parlé est au hollandais. Or, si dans l'exaltation d'un patriotisme étrange, si en haine et par peur de la Hollande, on imposait à une partie du pays un *nederduitsch* bien différent de celui des Bataves, ne serait-on pas en droit, par des motifs analogues, de condamner l'autre partie à un français qui n'aurait rien de commun avec le français de Paris? — Mais cela serait absurde. — D'accord, mais pas plus absurde cependant pour l'un que pour l'autre ; puis, absurde et impossible ne sont pas synonymes. Il s'est bien rencontré à la chambre un de Foere flamand, pourquoi ne s'y trouverait-il pas quelque de Foere wallon? Il y a des originaux dans toutes les provinces.

Et, après que l'un aurait fait triompher son bizarre vouloir, que répondrait-on à l'autre, qui demanderait, par exemple, que l'orthographe de M. E. D. B. devînt l'orthographe nationale des Wallons, sous prétexte que, pour ceux-ci, la langue particulière dudit M. E. D. B. est la vraie langue de leurs pères?

Mais il y a mieux encore. M. de Foere, dans son zèle pour les idiomes aborigènes, ne pourrait-il pas s'aviser d'exiger que le français belge fût fait à l'image de son français à lui? Certes, on en conviendra, quand il parle ou écrit le français, l'érudit représentant ne s'exprime pas tout à fait comme un académicien de France. — Nous, Flamand comme lui, nous ne lui en ferons pas de reproche, de peur de représailles. — Mais toujours est-il qu'il a pris à son service une langue française fort originale, ou, si l'on veut, singulièrement belge. Il dit, par exemple, *linguistique* là où un homme moins bon patriote que lui emploierait *linguiste. M. Behaeghel est un grand linguistique,* répète-t-il deux ou trois fois dans ses derniers discours. Eh bien! après qu'on lui aurait donné raison une première fois, comment lui refuser sa demande nouvelle.

Nous le répétons, il y aurait dans l'adoption de la motion de M. de Foere plus de dangers qu'on ne soupçonne.

Mais assez de raillerie. Abordons une question sérieuse. A supposer que l'on pût, sans offenser le goût et le bon sens, façonner le flamand de manière à mettre entre lui et le dialecte hollandais une distance énorme, serait-il dans l'intérêt du pays flamingant de le faire? notre littérature en serait-elle plus connue et mieux appréciée?

Le grand tort du flamand, aux yeux des étrangers, de nos compatriotes wallons et des Belges francisés, c'est qu'il n'est, selon eux, qu'un patois balbutié dans trois ou quatre provinces de la Belgique. On a beau leur dire que c'est une des plus riches et des plus belles langues connues, ils vous répondent toujours : C'est possible, mais que nous importe? irons-nous nous occuper, pour nos affaires ou pour notre plaisir, d'un idiome si peu répandu? Et ils persistent dans leur indifférence ou plutôt dans leur dédain.

Donc, ne sommes-nous pas profondément intéressés à fermer la bouche à ces hommes qui sont déjà les détracteurs de notre admirable langue, et qui ne demandent pas mieux que de s'en faire les exterminateurs? Et quel moyen plus sûr d'y parvenir que de ne pas séparer ce que la nature a tant rapproché? de resserrer encore le lien qui, de temps immémorial, unit le faisceau, plutôt que d'affaiblir, en les éparpillant, les éléments qui le composent et le rendent fort et respectable? que de faire, en un mot, ce que de nos jours on a si heureusement tenté en Belgique?

On cessera de calomnier ce qu'on appelle *notre patois*, alors que nous pourrons nous glorifier de posséder une langue non-seulement régulière, cultivée, mais répandue autant que d'autres plus vantées; une langue écrite d'une manière quasi identique chez deux peuples offrant un ensemble de plus de cinq millions d'habitants; une langue comprise et parlée, d'ailleurs, par des populations formant presque le double de ce nombre (1).

Imitons la sagesse des peuples de la vaste Germanie. Au lieu de rétrécir le cercle, ils se complaisent généreusement à l'élargir, et ne reconnaissent d'autres bornes à la patrie commune que celle du langage natal :

So weit die deutsche Zunge klingt
Und Gott zu Ehren lieder singt.

Puis, pour ces essais de séquestration de langue, c'est choisir une singulière époque vraiment que celle qui a vu commencer le rapprochement de tous les peuples européens. Oh ! la conception insensée, et qu'elle est énergiquement stigmatisée dans la belle langue de l'un de nos poëtes contemporains !

Spreekt van verwydering, Godlasterend, niet langer,
Gy, wien beschavings voortgang belgt.
Wanneer ons wondereeuw, van heil'ge toekomst zwanger,
Der volken scheidingpael verdelgt (2).

CH. VERVIER.

Bien d'autres considérations plaident encore en faveur de la plus grande fusion possible des deux dialectes d'une langue commune. Mais ici nous trouvons notre tâche faite, et très-bien faite, par d'autres écrivains. Laissons-les parler :

Dans une revue littéraire (3), un philologue hollandais fait les sages réflexions que voici; il s'agit d'un compte rendu du *Theophilus* de M. Ph. Blommaert :

« A la lecture de ce travail, je déplorai de nouveau la division qui

(1) La population d'origine belge enclavée aujourd'hui dans la France et qui, malgré une séparation de plus de deux siècles, n'a pas cessé de parler l'idiome flamand, doit s'élever à près d'un million; et ce n'est pas exagérer que d'évaluer à huit ou neuf millions les masses qui en Allemagne parlent le *plattdeutsch*. Certes, ce n'est pas une langue méprisable et sans utilité pratique que celle qui sert de moyen de communication intellectuelle à quinze millions d'individus.

(2) Vous qu'irrite le progrès de la civilisation, cessez de parler d'isolement : c'est blasphémer Dieu, alors que notre siècle de merveilles, gros d'un saint avenir, renverse partout les barrières qui séparaient les nations.

(3) *De Jagers Taelkundig Magazyn*, bl. 511

règne dans les Pays-Bas. Sans doute, une nouvelle union politique aurait aussi peu l'assentiment du peuple de la Hollande que de celui de la Belgique. Mais l'Allemagne est également partagée en plusieurs pays, que les intérêts politiques rendent quelquefois très-hostiles les uns aux autres; cependant on y a travaillé en commun à perfectionner la langue et l'unité a été conservée. Ne pourrions-nous pas parvenir à opérer une fusion semblable? Sans elle, il est à craindre qu'il ne se forme deux langues, le *nederduitsch* et le belge, ou le hollandais et le flamand; si toutefois dans l'un de ces pays, ou dans tous les deux, le *nederduitsch* n'est pas évincé avec le temps par la langue de pays voisins plus étendus. Cette union linguistique combattrait peut-être plus efficacement l'influence française en Belgique que les plus vigoureuses mesures de la diplomatie. Au jugement d'hommes compétents, l'influence exclusive que le caractère particulier du hollandais exerce sur le *nederduitsch,* n'est pas favorable à celui ci : moi, qui suis né et élevé en Zélande, je remarque avec regret que ce que l'ancienne langue avait de moelleux et de coulant disparaît de plus en plus. La Flandre et le Brabant pourraient tempérer cette dégénérescence. Aujourd'hui on n'entend sortir le flamand que de la bouche du petit peuple, et c'est d'après cela qu'on le juge, comme si l'on devait juger le hollandais d'après le langage populaire de Leyde, de La Haye ou d'Amsterdam. J'ai eu parfois l'occasion d'entendre parler le flamand à Bruges par des dames bien élevées, et je dois rendre hommage à la douceur de ce dialecte. »

A ces observations pleines de sens, notre Willems ajoute ce qui suit :

« Repousserons-nous ces propositions d'union? ce serait folie; car, pour faire fleurir notre littérature nationale, nous avons beaucoup plus besoin du secours des Hollandais, qu'ils n'ont besoin du nôtre. Ils n'ont pas à craindre, comme nous, d'être opprimés dans leur langue par des Wallons ou des Français; dans leurs tribunaux ne siégent pas encore, comme chez les Flamands, des traducteurs jurés chargés de translater en français les déclarations des témoins et des accusés; leurs avocats parlent encore la langue du peuple; leur pays n'est pas encore jeté en proie à la réimpression française, et leur capitale ne couve pas encore la frivolité et la dépravation des mœurs parisiennes.

« Et que de biens et de jouissances ne mettent-ils pas à la disposition de la communauté? une riche littérature, qui dans tous les genres peut nommer des hommes éminents, et qui se recommande, en outre, par sa tendance morale et son caractère religieux, *ainsi que l'a reconnu, il y a vingt ans, le vénérable M. de Foere,* dans son *Spectateur Belge;* tandis que nous, Flamands et Brabançons, depuis plus de deux siècles nous n'avons à fournir de notre côté que très-peu de chose qui se puisse comparer à cette littérature (1). »

A tant de raison qu'opposera la sottise?

La sottise répétera : C'est du hollandais qu'ils écrivent, ils l'*avouent eux-mêmes*. Quelle horreur et quelle honte! — Mon Dieu! oui, du hollandais, ou peu s'en faut, et cela n'est ni plus horrible ni plus honteux de la part des Flamands, qu'il ne l'est de la part des Wallons d'adopter en écrivant la langue française, purement et simplement. Nous, du moins, nous conservons encore quelques caractères distinctifs qui donnent à notre idiome un air de dialecte à part (2), tandis que nos frères wallons en sont réduits à se modeler servilement sur le français.

Ensuite, s'il pouvait y avoir humiliation à profiter des perfectionnements que les Hollandais ont apportés à la langue commune, nous la diminuerions considérablement en rappelant que nous, Flamands, nous avons été autrefois pour beaucoup dans ces améliorations. Nos écrivains de la fin du XVIe siècle et du commencement du XVIIe, surtout nos écrivains émigrés, ont exercé la plus heureuse influence sur la langue et la littérature en Hollande. Il y a long à dire sur cette particularité, légitime sujet d'orgueil patriotique; mais nous l'avons fait dans un autre endroit de notre ouvrage. Ici nous nous contenterons de constater qu'aujourd'hui nous ne faisons que reprendre en partie aux Hollandais ce que nous leur avons prêté jadis, puis nous citerons un seul trait, un seul, mais décisif : Cats, le poëte le plus aimable de la Hollande, et qui constamment a joui, aussi bien en Belgique que dans sa patrie, d'une popularité immense, le célèbre Cats se fait gloire d'avoir été formé par un poëte brabançon (3)!

(1) M. Willem, Belgisch Museum, 2e partie, 1838.

(2) Pour l'orthographe, *ae* et *ue*, au lieu de *aa* et *uu*, *y* au lieu de *ij*. Pour le fond de la langue, certaines formes de style qui ont une allure particulièrement flamande, mais qu'il est beaucoup plus aisé de mentionner que de définir.

(3) De school van Zierikzee scheen my een droevig leven.
Ons meester Diedrick Kemp en was niet van de kunst,
En niet een zong-godin en bood hem hare gunst.
Een eerbaer jongeling uit Braband daer gekomen
Had in een ander school de dichtkunst aengenomen :
Die heeft den grond gelegt van waer ik vorder quam,
En op Parnassus berg allengskens hooger klam.

Cats, *Twee en tachtig-jaerig leven.*

Mais voici que déjà nous avançons vers la fin de notre chapitre, et nous oublions de remplir une promesse que nous avons faite à notre début : celle de revenir spécialement sur les excentricités de cet excellent abbé de Foere. Dégageons notre parole.

M. de Foere n'est pas un sot, comme pourraient se l'imaginer ceux qui ne le jugeraient que d'après ses derniers discours : dans plus d'une occasion le pays l'a vu défendre le vrai et l'utile avec zèle et même assez d'intelligence. Qu'est-ce donc qui le pousse maintenant à l'extravagant et à l'absurde? Bien des explications courent à ce sujet dans le public. Que ne dit-on pas? Ainsi, on va jusqu'à raconter qu'il avait la prétention d'être nommé membre de la commission chargée de formuler une petite charte orthographique ; que tant qu'il a pu caresser cette innocente ambition, il n'avait que des paroles moqueuses pour les apôtres du vieux système, sans en excepter son intime ami M. Behaeghel, *le grand linguistique ;* mais que, trompé dans ses espérances, il a changé de parti et de langage. Son zèle subit pour la cause de Desroches serait né du dépit et de l'amour-propre froissé. De cette version, non plus que de toutes les autres, nous ne voulons rien admettre, nous ne voulons rien croire. Inutile, selon nous, d'aller chercher au loin une clef qui se trouve sous la main. Une seule cause, et elle saute aux yeux, explique l'homme et son attitude, l'excentricité.

Oui, en cette occasion M. de Foere n'a fait qu'obéir à ses instincts de bizarrerie. Sous ce rapport, il n'en est pas à son début. Il appartient notoirement à cette espèce de gens pour qui se singulariser est un besoin de leur nature; manie qui a sa source dans un désir immodéré de gloire, dans un continuel prurit de vanité. Cette infirmité morale pourrait s'appeler du nom d'*érostratisme*. Les malheureux qui en sont atteints veulent de la célébrité à tout prix, et quand ils sont fatigués de l'attendre de la logique et du talent, ils n'hésitent pas à incendier le temple de la raison.

Plus que tout autre M. de Foere est affligé de cette triste maladie.

Déroulons un peu, pour prouver notre dire, les états de services parlementaires et littéraires de l'honorable représentant.

1° M. de Foere devient un partisan avoué de la révolution, il en désire le triomphe, et il se refuse à appuyer la mesure qui seule pouvait la consolider ; il vote contre l'exclusion des Nassau. Ce n'est pas nous qui lui ferons un crime de ce vote ; mais si celui qui trouve piquant de vouloir la fin sans vouloir les moyens est un homme fort original, à coup sûr ce n'est pas un homme conséquent.

2° M. de Foere affecte de se poser en défenseur des intérêts matériels, et seul parmi ses collègues de la chambre il conteste l'utilité des chemins de fer.

3° M. de Foere aspire au titre d'homme de lettres : toujours il se mêle à toutes les discussions littéraires; il publia un recueil littéraire, il est président d'une société littéraire qui ouvre des concours poétiques; il fut même professeur de poésie, et il ne cesse de nier l'inspiration poétique et de mépriser les poëtes et leurs œuvres (1).

4° M. de Foere, dans son *Spectateur Belge*, vanta la littérature hollandaise; il loua tout ce qu'elle avait de qualités morales et religieuses; il reconnut la supériorité qu'elle avait acquise sur la nôtre par plus de deux siècles de culture assidue; de plus, il admit dans ce même *Spectateur* l'élégant et savant plaidoyer de M. Decloet en faveur de la langue de ceux qui s'appelaient alors nos frères; et aujourd'hui il a horreur de cette littérature et de cette langue, et il veut nous imposer exclusivement son dialecte flamand, son patois à lui.

5° En 1839 il siffle impitoyablement les *woórdenzagers* (pardon, M. de Foere, vous ne nous comprendriez pas, nous dirons *woórdensaegers,* dans la langue de vos pères); il traite de vétilles les discussions sur des différences orthographiques (2), et en 1844 il devient le *woórdensaeger* par excellence, et il attache aux questions d'orthographe une importance excessive.

6° M. de Foere trouve qu'au fond l'allemand et le flamand ne sont qu'une seule et même langue; il développe cette thèse avec amour; il émet même le vœu qu'on façonne le dialecte flamand de manière à lui donner avec l'allemand une ressemblance plus grande encore (3); et ce philologue à larges vues vient aujourd'hui contester l'affinité du flamand et du hollandais cent fois plus ressemblants, et il frémit d'indignation parce que le premier fait quelques emprunts orthographiques au second.

7° M. de Foere impute à mal à quelques-uns de nos jeunes poëtes leurs tirades trop chaleureuses contre la prédominance wallonne; il cite en plein parlement des vers flamands de 1841, et les commente gravement pour en extraire le crime de lèse-nation; et en 1839, lui, homme mûr, il avait donné aux Flandres le signal de ces déclamations, non pas dans cette langue rimée, à laquelle on est convenu de passer l'hyperbole, mais en froide et sérieuse prose; en 1839 il disait publiquement : « Une langue étrangère opprime toujours un peuple. Cela est

(1) Voyez son *Spectateur Belge*, *passim*, et ses derniers discours à la chambre.

(2) Voir la première de nos épigraphes, et le discours d'où elle est extraite à la note de la page 15.

(3) Même discours, page 11 et suivantes.

dans la nature des choses. Les intérêts des provinces wallonnes doivent être pris en plus grande considération et cueilleront les meilleurs fruits du jardin de la communauté. *De belangen der waelsche provincien moeten in grooter agt genomen worden en zullen de beste vrugten uyt den hof der gemeenzaemheyd plukken* (1).

8° ..... Mais nous n'en finirions jamais. En voilà assez, en voilà trop même.

Notre but est atteint : nous avons étalé M. de Foere dans toute sa bizarrerie ; nous avons prouvé que l'homme dont la carrière publique, d'ailleurs honorable, a été gâtée par une succession de contradictions et de palinodies excentriques, agit encore une fois par excentricité dans cette misérable querelle linguistique. C'est sa manie qui l'emporte, ce n'est point son intelligence qui le guide. Il importait de le constater, afin qu'il ne fût pas dit qu'une cause absurde a trouvé l'appui d'une conviction raisonnable.

Et maintenant que nous avons enfin débarrassé notre voie, marchons vers le but où nous appelle la spécialité de notre ouvrage : montrons les affinités intimes du flamand et du hollandais.

Sans autre préambule, passons aux preuves, c'est-à-dire aux exemples comparés.

Ligt uwen sluijer op voor mijn bespiegeling,
O bode van de rust, o nederige nacht (2).

WESTERMAN.

Ces vers sont des vers hollandais, c'est-à-dire des vers composés par un poëte de la Hollande, et il se trouve que ce sont aussi des vers flamands mot pour mot, lettre pour lettre, à l'exception de *y* au lieu de *ij* dans *mijn*.

Mais, diront les partisans du vieux système, cette quasi-identité ne s'obtient que dans votre orthographe ; avec la nôtre, il y a plus de différences.

C'est vrai, et voici comment, selon Desroches, on écrirait les deux vers de Westerman :

Ligt uwen sluyer op voór myn bespiegeling,
O boóde van de rust, o nederigen nacht.

Ainsi, *sluyer, voór, boóde, nederigen*, au lieu de *sluijer, voor, bode, nederige*. Du reste, mêmes mots et même tournure. Sont-ce là des diffé-

(1) Même discours, pages 8 et 9 *Les intérêts qui cueillent des fruits*, ce style est de M. de Foere, non pas de nous. S'il s'agissait de toute autre personne, nous ne relèverions pas ces locutions malheureuses : nous n'aimons pas les chicanes grammaticales et littéraires ; mais il n'est pas inutile de signaler dans celui qui s'érige en régulateur suprême des langues l'homme qui ne sait pas en écrire correctement une seule.

(2) Messagère du repos, humble nuit, soulève ton voile pour mon œil contemplateur.

rences qui constituent deux dialectes bien dissemblables, ou, comme disent ces messieurs, deux langues distinctes?

Citons d'autres exemples; choisissons-les dans les trois systèmes différents, mais pour abréger, mettons les trois systèmes en regard :

SIEGENBEEK.	COMMISSION.	DESROCHES.
Handwerken, kunsten en wetenschappen bloeijen op het spoor van den koophandel, zonder welken de landbouw, de nuttigste kunst van allen, aen het kwijnen slaat en de zeevaart geenen adem haalt. SIMON STIJL.	Handwerken, kunsten en wetenschappen bloeijen op het spoor van den koophandel. zonder welken de landbouw, de nuttigste kunst van allen, aen het kwynen slaet en de zeevaert geenen adem haelt.	Handwerken, kunsten en wetenschappen bloeyen op het spoor van den koophandel, zonder welken de landbouw, de nuttigste kunst van alle, aen het kwynen slaet en de zeevaert geenen adem haelt.

COMMISSION.	SIEGENBEEK.	DESROCHES.
Onze nationaliteit is geen ding dat van heden of van gisteren dagteekent. Desroches heeft ze niet begonnen en Behaegel zal ze niet eindigen. De fransche acteurs Niellon en Jenneval hebben ze ons niet aengebragt. J. F. WILLEMS.	Onze nationaleteit is geen ding dat van heden of van gisteren dagteekent. Desroches heeft ze niet begonnen en Behaegel zal ze niet eindigen. De fransche acteurs Niellon en Jenneval hebben ze ons niet aangebragt.	Onze nationaliteyt is geen ding dat van heéden of van gisteren dagteekent. Desroches heeft ze niet begonnen en Behaegel zal ze niet eyndigen. De fransche acteurs Niellon en Jenneval hebben ze ons niet aengebragt.
Zoo dat wy thans, als het ware, twee talen bezitten, een voor de dichters en een voor de schoolonderwyzers. Welke van beiden zal het slagveld behouden? *Idem.*	Zoo dat wij thans, als het ware, twee talen bezitten, een voor de dichters en een voor de schoolonderwijzers. Welke van beiden zal het slagveld behouden?	Zoo dat wy thans, als het waere, twee taelen bezitten, een voor de dichters en een voor de schoolonderwyzers. Welke van beide zal het slagveld behouden?

DESROCHES.	COMMISSION.	SIEGENBEEK.
De ondergeteekende verklaeren zich tegen de bovengezeide daed van de commissie en zy hoopen, van hunnen kant, dat de spelregels, door de commissie voorgesteld en aenbevolen, niet door alle zullen gevolgd, noch overal in de schoólen ingevoerd worden. (Letterk. Maetschap. van Brugge.)	De ondergeteekenden verklaren zich tegen de bovengezeide daed van de commissie en zy hopen, van hunnen kant, dat de spelregels, door de commissie voorgesteld en aenbevolen, niet door allen zullen gevolgd, noch overal in de scholen ingevoerd worden.	De ondergeteekenden verklaren zich tegen de bovengezegde daad van de commissie en zij hopen, van hunnen kant, dat de spelregels, door de commissie voorgesteld en aanbevolen niet door allen zullen gevolgd, noch overal in de scholen ingevoerd worden.

Remarquons d'abord que dans tous ces exemples la construction est identique pour les trois systèmes, et que les plus opiniâtres et les plus minutieux partisans de Desroches, doivent avouer qu'elle peut rester telle sans le moindre inconvénient. Nous ne parlons pas des mots, ils sont puisés dans un vocabulaire forcément le même. Ajoutons qu'il en est toujours ainsi, chaque fois qu'on écrit purement le *nederduitsch*, et que les différences entre ce qu'on appelle les dialectes, se réduisent constamment à des différences d'orthographe.

Et puis, que l'on compare, et l'on se convaincra que ces différences se réduisent à bien peu de chose, même alors qu'on oppose l'un à l'autre les deux termes extrêmes, l'orthographe de Siegenbeek à celle de Desroches.

Oui, nos maîtres d'école ont beau dire et beau faire, pour peu que, dans leur système, on écrive bien, c'est encore toujours au fond du hollandais qu'on écrit. Il est vrai qu'ils ont la consolation de pouvoir dire que c'est du hollandais à vieille orthographe; mais c'est tout, et si, comme ils le soutiennent, la ressemblance des deux dialectes nous expose incessamment à être conquis par la Hollande, il est bien à craindre que les vénérables rides de cette orthographe ne nous sauveront pas, hélas! et notre perte paraît certaine, quand même, au jour du danger, MM. de Foere et Behaegel se mettraient à la tête de nos voyelles nationales pour repousser l'invasion.

Mais, disent les fauteurs d'une langue isolée, ce qui prouve qu'il existe une différence profonde entre les deux idiomes, c'est que le flamand est éminemment clair et que l'obscurité est inhérente au hollandais.

Observons d'abord que ce reproche d'obscurité est le plus souvent adressé au dialecte hollandais par des Flamands complétement étrangers à la langue littéraire, et qui ne connaissent de l'idiome maternel que tout juste ce qu'il leur en faut pour leurs habitudes d'estaminet et pour leurs besoins de cuisine.

Ensuite, répondons à ceux qui possèdent un peu mieux le *nederduitsch* qu'ils confondent le caractère du style avec le génie de la langue, et qu'ils font, du tort de celui qui se sert mal de l'instrument, le tort de l'instrument lui-même.

Il y a en Hollande, comme partout ailleurs, de mauvais écrivains, la chose est certaine; des écrivains obscurs même, c'est une vérité également incontestable; mais ce n'est pas la langue qui les a rendus mauvais et obscurs, ce sont eux qui ont fait la langue obscure et mauvaise.

Sous la plume des bons auteurs, le hollandais est parfaitement clair, aussi clair que le flamand. Or aucun pays, proportion de la population gardée, n'a produit autant de bons auteurs que les Pays-Bas du Nord.

Toutefois le grief littéraire que l'on met en avant n'est pas entièrement dénué de fondement, et voici ce qui est arrivé en Hollande.

Vers le milieu du XVIIIe siècle, la germanomanie a envahi la littérature de ce pays, et, comme il arrive d'ordinaire, on y a copié par le mauvais côté ceux que l'on prétendait imiter. La langue allemande se prête au style périodique; certains auteurs d'outre-Rhin ont abusé de cet avantage; ils se sont mis à allonger des périodes interminables à phrases incidentes s'entrelaçant avec des phrases incidentes. Ce sont ces tristes modèles que beaucoup de littérateurs hollandais se sont avisés de suivre, et de là altération et obscurcissement de la belle langue qu'ils avaient à manier. Mais ce mal n'a eu qu'un temps, des esprits éminents, comme Bilderdyk et Van der Palm, ont su s'en garantir, et de nos jours il n'en reste plus guère de traces. Aujourd'hui Tollens, pour ne citer que lui, écrit dans un style dont le meilleur auteur français envierait la lucidité.

Demandons au vrai poëte que nous venons de nommer qu'il nous fournisse une preuve en faveur de la clarté de sa langue, ou plutôt de notre langue, car, encore une fois, bien écrites, les deux n'en font qu'une. Voici un échantillon que nous soumettons avec confiance à tous les Flamands, même à ceux qui n'ont étudié que médiocrement leur langue, pourvu qu'ils soient de bonne foi et sans prévention. Qu'ils nous disent s'ils trouvent de l'obscurité dans les vers que nous allons transcrire. Ce sont quelques strophes de l'ode intitulée *de Dichter* (le poëte), et en les lisant on se rappellera tout ce que les langues du Nord peuvent se permettre de hardiesses dans la poésie lyrique; si tous les Flamands que n'aveugle pas le préjugé comprennent sans difficulté, l'épreuve est décisive :

Neen, waant niet dat ge uit keur van klanken
De ziel des dichters vat en voelt;
Dat ge uit het flikkren van haar spranken
De vlam kent die zijn borst doorwoelt.
Och, zielloos, ledig zijn die noten,
Hoe rijk, hoe welig uitgegoten,
Hoe stout, hoe smeltend neêrgevloeid!
Och, doofgeglinsterd, uitgeblonken
En ijskoud zijn die tintelvonken,
Bij 't vuur dat in zijn binnenst gloeit.

Neen, waant niet dat ge 't uit hoort drukken,
't Gevoel dat in zijn adren welt
O zielen die hij mag verrukken,
O harten die hij lenig smelt!
Onzuiver, schoon zij roerend rijzen,
Wanklankig zijn die toovérwijzen
Bij 't lied dat hij inwendig speelt
Flaauw, levenloos, als doode vlekken,
En schaduwen zijn al die trekken,
Bij 't in zijn ziel geteekend beeld.

Ja, 't is een godheid, ja waarachtig,
Een godheid die hem drijft en spoort;
Een wezen ongepeild almagtig,
Dat hij inwendig spreken hoort;
Een godheid, die door brein en âren
Naar wilkeur om en rond gevaren,
Van hooger schepping zwanger gaat;
Een godheid in hem zelf besloten,
Maar die in zwier van aardsche noten
Haar wondren niet vertolken laat.

. . . .

Neen, andren mag zij met zich slepen,
Verlokken door haar flonkergoud,
Verbazen door haar wondergrepen :
Den dichter in zijn kunst te koud.
Laat Rome Maro's eerzuil bouwen,
Zijn beeld in kostbaar marmer houwen
En heffen in haar trotschen muur ;
Augustus hem zijn tooverioonen
Met vorstengunst en schatten loonen :
De dichter doemt zijn zang te vuur (1).

Eh ! bien, que nos Flamands nous répondent, y a-t-il là une phrase, un mot, qui les embarrasse un seul instant ? Malgré l'élévation du sujet, y a-t-il rien de plus limpide et de plus transparent ? Puis, pour le dire en passant, que ces vers sont admirables d'harmonie, de richesse d'expression et surtout de vérité ! Ah ! nous sommes certain qu'ainsi en jugeront tous ceux à qui la nature, une noble passion ou de sublimes croyances ont jamais mis dans l'âme une étincelle de poésie.

Naturellement, cette prétendue obscurité, la coterie Behaegel la reproche aussi aux poëtes flamands coupables d'avoir adopté l'orthographe moderne et d'abreuver leur esprit aux sources vivifiantes de la littérature hollandaise. Nous chargerons l'un d'eux de démontrer à son tour l'inanité de cette accusation. M. de Laet a traité à peu près le même sujet que Tollens, mais il ne s'est pas servilement

(1) LE POETE.

Non, ne le croyez point, non, ce flot de sons harmonieux ne vous fait pas comprendre et sentir l'âme du poëte ; non, ce scintillement de rapides étincelles ne vous révèle pas la flamme qui tourbillonne dans son sein. Oh ! ils sont inanimés et vides, ces accents, bien qu'épanchés avec une si abondante richesse, bien que jaillissant avec tant de vigueur, ou coulant avec tant de mollesse et de grâce ; oh ! ces jets lumineux et petillants ne sont qu'une pâle et mourante lueur, ne sont que de froids glaçons auprès du feu qui l'embrase intérieurement.

Non, non, ne le croyez point : ce qu'il sent sourdre dans ses veines, vous ne le lui entendez pas exprimer, vous, âmes qu'il remue et transporte, vous, cœurs qu'il amollit aux sons de sa douce voix. Quel que soit le charme touchant de ces accords magiques, ce n'est qu'un bégaiement incorrect et sans mélodie, auprès du chant qu'il module dans le secret de son cœur ; ces traits qui vous paraissent si hardis, ce sont des figures sans force et sans vie, des teintes incolores, des ombres vaines, auprès de l'image qu'il voit empreinte dans les profondeurs de son âme.

C'est que, voyez-vous ? c'est une divinité, oui, certes, une divinité, qui l'obsède et l'agite ; un être incommensurablement puissant, dont intérieurement il entend les discours mystérieux ; une divinité qui habite son cerveau et ses veines, qui les parcourt capricieusement et les parcourt encore, enceinte de sublimes créations ; une divinité renfermée en lui-même, mais qui ne permet pas qu'on traduise en langage mortel ses merveilleuses créations.

. . . .
. . . .

En vain son art subjugue et ravit les autres hommes ; en vain il les éblouit de son riche éclat et les étonne par ses effets prestigieux : au poëte, son art semble toujours trop froid. Rome a beau élever à Virgile un glorieux monument, reproduire ses traits en marbre précieux et dresser sa statue au sein de ses superbes remparts ; Auguste a beau payer de ses trésors et de sa faveur impériale ses vers enchanteurs : le poëte trouve informes ses chants, et les voue au feu du bûcher.

traîné sur les traces du chantre de Rotterdam, il a volé de ses propres ailes, et, nous le remarquons avec fierté, le représentant de la jeune Belgique flamande s'est approché glorieusement déjà de l'illustre barde de la vieille Batavie. Voici une partie des vers délicieux du poëte anversois :

Aen een Meisje,

DAT ZICH TER BEOEFENING DER POEZY BEGEVEN WILDE.

Dael niet van uw' roozentroon,
Meisje, gy wier gulle blikken
Elkers hart, met bloemenstrikken,
Kunnen binden aen uw schoon!
Dael niet van uw' roozentroon,
Gy, de liefste by de lieven;
Ruil uw kroon van madelieven
Nimmer voor een lauwerkroon!

—

Wat zegt een handvol dorre blåren,
Een handvol blåren zonder kleur,
Voor zefyr's lievling die de geur
Der frischste bloemen mag vergåren;
Die op zyn wieken van satyn,
Met purperglansen ryk doorweven,
Van roozen mag op roozen zweven,
Die slechts voor hem geschapen zyn?

Zal hy zyn lustwaranden vlieden,
Zyn stralenryk, zyn bloemendael,
Om, als de schuchtre nachtegael,
Aen 't kille woud zyn stem te bieden?
Zal hy zyn' zoeten morgendrank
Versmaden om het nat der stammen?
Zal hy zyn vuerge wiekenvlammen
Verdooven om een weinig klank?

O neen! de vlinder mag behagen
Om bloemenvorm en bloemenkleur,
Niet om het opgeruimd geneur
Of om het zielverbrekend klagen
Des bruinen vogels van het woud,
— Dit ongetooid en vliegend orgel, —
Die wel eens de aendacht op *zyn' gorgel*,
Doch nooit op *zich* gevestigd houdt.

—

Dael dan ook niet van uw' troon.
Meisje, etc.

—

Wat is een dichter op deze aerde?
Een onglukszoon, een offerlam,
Die in zyn hart een sprank bewaerde
Van Godes heilge scheppingsvlam;

Een die in zich een geest hoort woelen,
Een geest aen enklen pas bekend;
Die meerder voelt dan de aerd' mag voelen,
En 't zoekend oog ten hemel wendt;

Een die in hooger sferen wandelt,
Op de aerde met bedroefdheid ziet,
In haren dampkring leeft, en handelt,
En denkt, en lydt, maer nooit geniet;
Een die zyn' slapen laet verzengen
Aen 't kunstenvuer; — die alles proeft
Wat eenig zoet kan medebrengen,
Of rimplen diep in 't voorhoofd groeft;

Een die als Adam heeft gezondigd;
Wien, by den boom van Goed en Kwaed,
Als eene vloekstraf, werd verkondigd
't Geheim van elke menschendaed;
Een die in 't meir der aerdsche snoodheid
Zyn blik liet dalen tot den grond;
By 't zicht van elke wereldgrootheid
Een gryns voelt zweven om zyn' mond;

Een wien een gier aen de ingewanden,
Als Prometheüs, eeuwig knaegt:
Een die des Noodlot's marrekbranden
Gestempeld op den schedel draegt;
Een banneling uit andere oorden,
Die, smachtend om zyn vaderland,
Zyn zinbetoovrend harpakkoorden
Laet hooren op een vreemde strand (1)!

—

Dael, neen! dael niet van uw' troon,
Meisje, etc.

(1) A UNE JEUNE FILLE QUI VOULAIT SE VOUER A LA POÉSIE.

Ne descends pas de ton trône de roses, jeune fille, toi dont les regards doucement voluptueux peuvent enchaîner avec des liens fleuris tous les cœurs à ta beauté. Ne descends pas de ton trône de roses, toi la plus jolie parmi les jolies; n'échange jamais ta couronne de marguerites contre une couronne de lauriers.

Une poignée de feuilles sèches, une poignée de feuilles sans couleur, que vaut-elle pour le favori du Zéphire, lui qui peut recueillir les senteurs des fleurs les plus fraiches; lui qui, porté sur ses ailes satinées, riche tissu aux reflets de pourpre, peut errer de rose en rose, luxe que la nature ne créa que pour lui?

Fuira-t-il ses campagnes délicieuses, son empire de rayons, sa vallée de fleurs, pour aller, comme le rossignol timide, offrir ses chants à la froide forêt? Dédaignera-t-il sa douce liqueur du matin pour l'eau découlant d'un tronc vieilli? Ira-t-il, pour former quelques vains sons, ternir l'éclat étincelant de ses ailes de feu?

Oh! non! Si le papillon nous plait, c'est qu'il est fleur et par la couleur et par la forme; il se passe bien du ramage, tour à tour savant et mélancolique, du terne habitant des bois, cet orgue ailé et sans parure, pauvre oiseau qui attire l'attention sur son gosier, jamais sur son plumage.

Ne descends donc pas de ton trône, jeune fille, etc.

Le poëte qu'est-il sur cette terre? Un enfant du malheur, une victime expiatoire, qui garde dans son cœur une étincelle de la sainte flamme allumée par Dieu au jour de la création; un homme qui

On le voit, la langue dans laquelle chante M. de Laet est éminemment claire, et grâce à cette langue, il nous est né une littérature qui débute par des chefs-d'œuvre.

M. de Foere et ses clients ne sont-ils pas bien inspirés de venir troubler par leurs vociférations à propos d'infiniment petites misères, les accords harmonieux que rend un aussi magnifique instrument?

Fermons notre chapitre en répétant que le flamand n'est séparé du hollandais que par des différences insignifiantes, et que l'intime affinité des deux dialectes survivra à tous les systèmes d'orthographe que pourrait rêver le faux patriotisme, conspirant avec la fausse science.

entend se mouvoir au dedans de lui un esprit connu à bien peu de mortels ; qui sent plus que ne peut sentir le monde, et dont le regard inquiet cherche constamment le ciel ;

Un homme qui erre dans de plus sublimes régions, jette un regard attristé sur la terre, vit dans notre atmosphère infime, y agit, pense et souffre, mais n'y jouit jamais ; un homme qui dessèche ses tempes au feu sacré des arts, qui goûte de toutes les choses propres à plaire et à consoler, ou à labourer le front de rides plus profondes ;

Un homme qui a péché comme Adam ; à qui, au pied de l'arbre du bien et du mal, fut révélé, en guise de châtiment et de malédiction, le secret de toute action humaine, qui jusqu'au fond de l'océan des crimes de la terre fait plonger son regard, et qui, à la vue de toute grandeur mondaine, sent errer sur sa bouche un sourire moqueur.

Un autre Prométhée dont un vautour ronge éternellement les entrailles ; qui porte imprimée au front la marque du fer ardent de la fatalité ; un banni d'une terre lointaine, qui soupirant après sa patrie, fait résonner sur la rive étrangère les cordes de son luth enchanteur.

Non, ne descends pas de ton trône, jeune fille, etc.

FIN.

P. S. M. de Foere vient de publier une nouvelle édition du second discours que la question de l'orthographe flamande lui avait inspiré. Cette nouvelle version ne nous est parvenue qu'au moment où nous achevions notre brochure. Nous avons, comme on l'a vu, extrait un assez grand nombre de passages de la première édition, et nous étions tout disposé à rayer ou à modifier celles de ces citations que l'honorable député n'aurait pas avouées pour siennes. Mais nous n'avons pas à prendre cette peine. Au contraire, en laissant subsister le texte primitif, nous atténuons les torts de M. de Foere. Toutes les étrangetés que nous avions recueillies, il les reproduit *considérablement augmentées* dans sa seconde édition. Les lignes que voici rendent suffisamment témoignage de la vérité de notre assertion; M. de Foere, dans sa brochure nouveau-née, s'exprime littéralement ainsi, forme et fond :

« Il existe dans les provinces où on parle le flamand une opinion « que cette transformation actuelle du flamand en dialecte hollandais, « ou cette tendance directe à opérer cette transformation, est un com- « mencement de réaction vers la Hollande. On s'étonne que, dans « une situation semblable, le ministère protége cette tendance. Cette « opinion a même fait remarquer que le *Taelcongres* de Gand a eu « lieu trois jours avant que n'éclatât la conspiration de Vander- « smissen. »

On le voit, MM. les sténographes du *Moniteur* avaient rendu à M. de Foere un grand service en le mutilant; il est fâcheux pour sa réputation d'homme grave et sensé qu'il ne l'ait pas mieux apprécié.

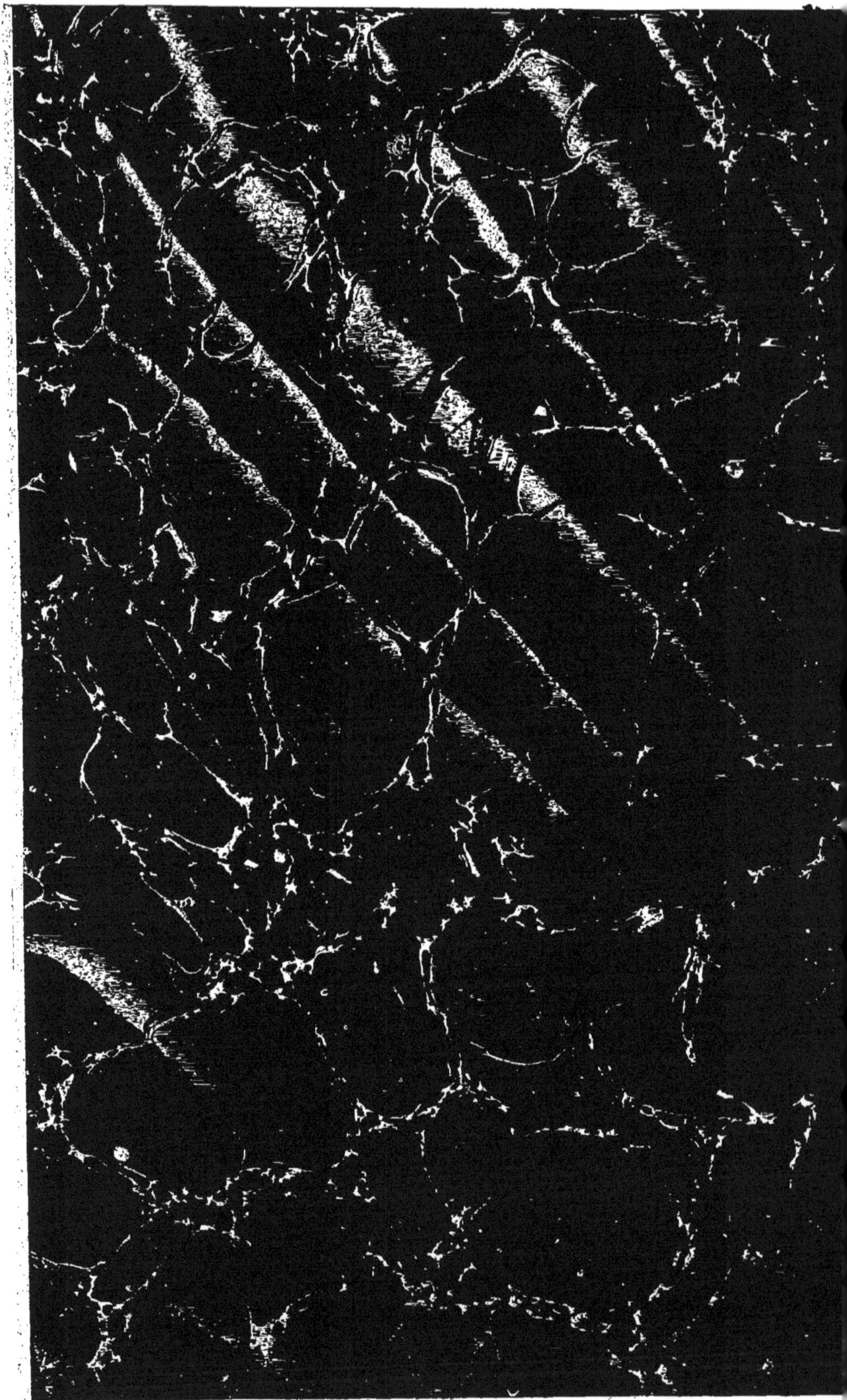

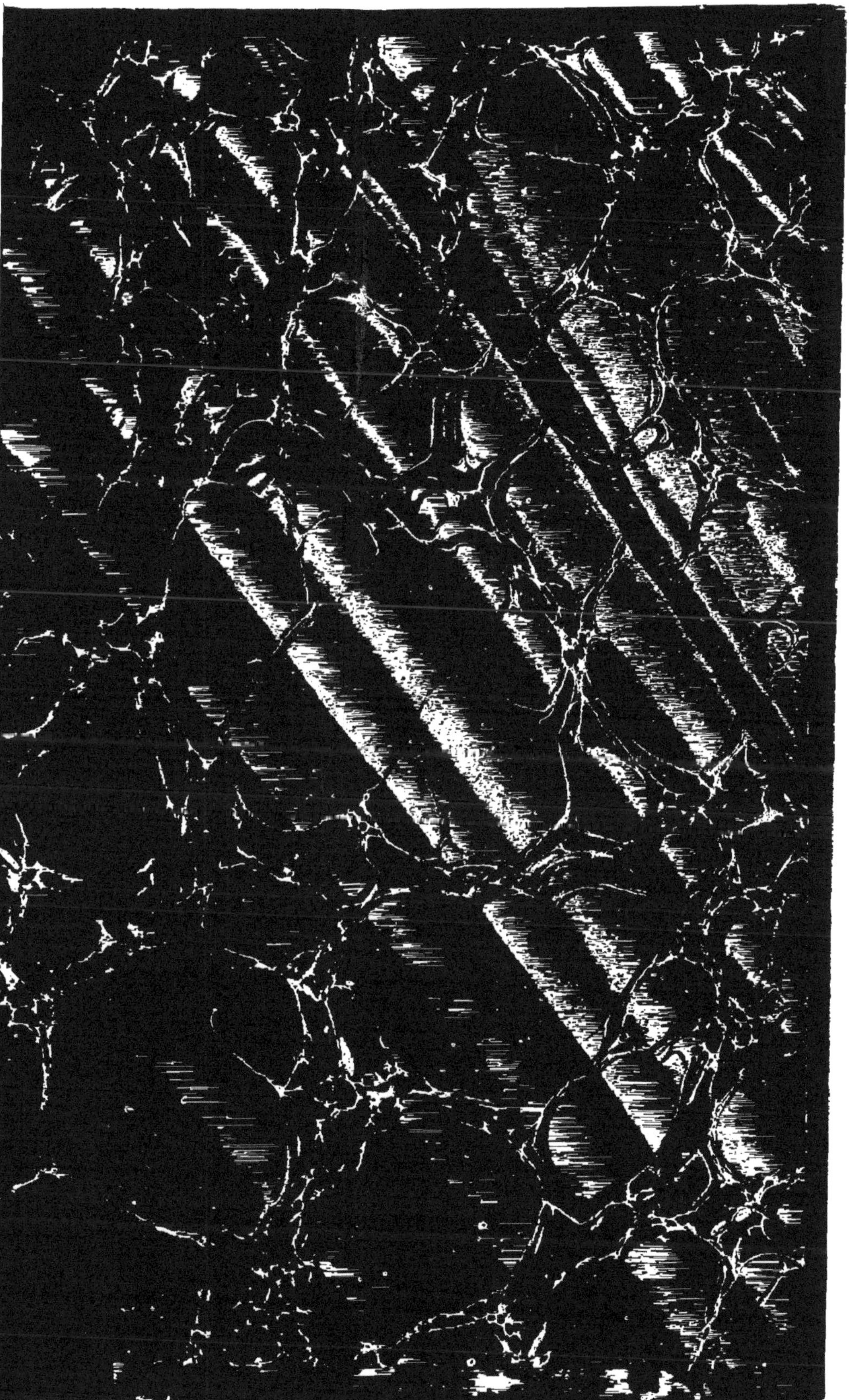

www.ingramcontent.com/pod-product-compliance
Ingram Content Group UK Ltd.
Pitfield, Milton Keynes, MK11 3LW, UK
UKHW031959260826
14628UKWH00005B/2171

9 782014 437553